Vision

一些人物，
一些視野，
一些觀點，
與一個全新的遠景！

從痛苦到痛快

寶爺・梁嘉銘

【推薦序】

跟往事乾杯，然後帶著過去的自己往前走

文◎李美虹（《Money錢》雜誌社長）

原諒我年紀大了，我已經忘了和寶爺認識幾年。我只記得，每次為雜誌截稿而半夜工作，或是夜太美而捨不得睡時，寶爺偶爾會從電腦那端敲我，有時是分享他最近發生的事或心情、想法，有時是提個問題……不論聊天的主題是什麼，每次與寶爺扯東扯西總能讓我對著螢幕發笑，因為，這就是寶爺啊！

寶爺擁有很多忠實粉絲，每次他半夜在臉書發文，總有人會高興地寫下「搶到頭香」之類的留言。我真的很佩服這些粉絲如此關注寶爺，這讓我想起年輕時我曾超愛周潤發，卻無法做到隨時關注的境界，可見寶爺的粉絲是真的很愛他！

正因為擁有這麼多腦粉，說真的，當我試讀寶爺的新書《從痛苦到痛快》PART 1〈對生命誠實〉時，真的有被內容嚇了那麼「一下下」。雖然我知道寶爺從小絕不是乖寶寶之類的人物，但就算一棒把我打成腦震盪，我也絕對無法想像一直在我電腦螢幕上晃來晃去的他，過去曾吸過毒，這似乎已經超乎我對他的認知範圍了。但是，當我從頭到尾看完這一整篇文章後，我的眼淚真的有在眼眶內打轉（我答應過寶爺看完後絕對不哭，一定要將淚水含住……）。

我們常說，不僅自己所處的環境（房子）需要經常整理，「心」的空間也需要大掃除。寶爺這次的新書在我看來，正是他在為自己的心做一番大掃除。

我很喜歡PART 1標題下方的這句話：「今天的模樣，來自於過去每一天記憶的累積。」心的大掃除，並不是要我們拋下過去，而是藉由這個過程，把過去我們所經歷過

的、所學到的，沉澱之後，記在腦子裡，然後帶著珍惜與包容的心情去寬恕別人。當然，對自己來說，不僅是把陳年往事拿出來撣一撣灰塵、曬曬太陽而已，更重要的，還要跟過去的自己和解，跟往事乾杯後，帶著過去的自己繼續往前走。經由這樣的過程，讓自己變得更好，也用自己經歷過的經驗幫助別人可以變得更好。

有位朋友曾跟我說過一段話：「人生，正因為無常，所以才有趣。你想想，如果現在就知道自己往後的人生會發生什麼事，那不是很恐怖嗎？」所以，人生無常，才是正常。我們很脆弱，卻也很堅強，寶爺因為脆弱而一度淪陷在毒品中，但也因為堅強，他與毒癮斷了關係。當妻子小葳去保他出來時，寶爺問她：「你可以抱抱我嗎？」小葳點了點頭，一句責備的話都沒說，只是輕輕拍了拍寶爺的背，寶爺嚎啕大哭……隨著眼淚，他知道他終於可以把長久以來對家人、對外在世界的欺騙都放下了。他也知道他該跟上帝和好，該把自己找回來了。

人是很容易受傷的感情動物，有人是在幼童時因為原生家庭的關係而受到創傷，有些是在青少年時因為某些事情而有心理陰影，有些是在感情上受傷害……無論如何，這些曾經受過的傷或是流過的淚水，如果我們都可以把它當作是一種學習，像寶爺一樣勇敢面對過去那個曾經不堪的自己（如同他所寫的，就當作一種自我救贖），那麼我們就有能力讓自己勇敢起來，也因此有能力開始去愛人與被愛，然後成長。

人生本來就有許多不如意，但往往人就是在挫敗中長大，因為失去，才懂得什麼是擁有，才知道什麼是珍惜。所以，不論悲傷或哭泣，只要我們正面看待：喔！原來這些都是人生過程中很正常的事。那麼，挫折就會變成養分，哭完之後就還能再微笑。

所有事情都是自己的選擇。要或不要，其實，都只在自己的一念之間。

WE
ARE
YOU

目錄

PART 2 對工作專注

從零開始是痛苦的，有成就感是痛快的。

01 我的帥並不是天生的

02 用力把事情做到底

03 做到「我認為的剛剛好」

目錄

PART 3 對生活投入

只看眼前是痛苦的，享受獨特是痛快的。

01 周而復始地循環，累積出我們的一生

目錄

PART 1

對生命誠實

今天的模樣，來自於過去每一天記憶的累積。

01

人生就是一場連續劇

人生就是一場連續劇。

開場白通常沒印象，結局常常身不由己。掐頭去尾之後，唯一有印象又可以掌握在手裡的，就是那一個又一個由故事串起的成長過程。

其中，總有幾段特別不一樣——在這裡，我想要分享其中很深刻的一段記憶。

決定在這本書裡跟大家分享，算是為這段過去，尋求一個坦白的自我救贖。

毒癮

那一天，我剛結束公司的五天國外出差行程，回到台灣。在家裡吃過晚飯，還洗了個澡，等老婆和小孩都上床睡著之後，我溜了出門。

時間將近午夜十二點，騎著摩托車的我經過吉林路跟長安東路交叉口附近時遇到紅燈，我遠遠就開始按下煞車減速，最後停在斑馬線前，等待綠燈亮起。抬頭看了一下交通號誌上紅燈旁的結束倒數秒數，還有六十多秒。

我伸手從褲子口袋裡掏出一包菸，熟練地抽出一根放進嘴裡，點燃，深深吸吐了一口。

把菸放回口袋時，我順手摸了摸口袋深處的一個小塑膠夾鏈袋，摸到之後，覺得安心。再次抬頭一看，還有三十秒就會變成綠燈了，我有種準備揭開深夜序幕的興奮感，卻是種已經很熟練的儀式。

攜帶二級毒品的現行犯

這時，原本停在我後面的黑色Camry轎車突然提早踩了油門，一個搶先把車橫斜停在我的摩托車前，轎車的後車門只距離我的車頭大約三十公分。在我回神之前，從車上下來了兩個男人，一左一右地站在我的兩側。

其中一位率先開口向我表明他「中山分局員警」的身分，想要對我的人及車輛進行盤查，並且要求我先將摩托車熄火，移到路邊。

另一位沒說話，眼睛一直對我的全身上下不斷地來回打量著，同時保持著一種很警覺又壓迫性接近的姿勢。

這時，我終於回過神來，原來這兩個人就是所謂的便衣刑警。

我又抽了一口菸，將摩托車熄火，牽著車慢慢地往路邊靠過去。停好車後，我很自動地從皮包裡拿出證件遞給其中一位，他伸手接過之後，拿出了警用掌上型電腦，很快

地輸入了我的身分證字號查核著。

「麻煩你確認一下了。」我對他說，同時把菸頭往路邊隨手一彈，菸頭被我彈得老遠，著地時還迸出了幾點橘紅色的火光。

「這麼晚要去哪裡？」

「去夜店找朋友喝兩杯。」

「這樣啊……那剛剛你去林森北路做什麼？」

「找朋友。」

「找朋友做什麼？」

「沒什麼啊，就講講話。」

「那個人是你什麼朋友？怎麼認識的？」

「朋友介紹的，就一般朋友。」

「一般朋友？你是不是有跟他拿什麼東西啊？」

「沒有啊，就跟他一起抽了根菸。」

「不對喔，我有看到他拿了一包東西給你。」

「喔……那是檳榔啦，在我口袋。你要看一下嗎？」

「好啊！你口袋裡有哪些東西，都拿出來看一下吧。」

「好啊。」

我從褲子口袋裡掏出了錢包、一盒菸、一包檳榔、打火機，和幾張凌散摺亂的發票、幾個銅板，全部放在摩托車的坐墊上。

兩個人拿著手電筒，其中一人打開菸盒朝裡面照了照，接著把菸全部抽出來，又往盒子裡檢查了一次。另一個人拿起那包檳榔在手上捏啊捏，來回用手電筒看著。我伸手拿起一根剛被檢查完的菸，點起來抽著，手帶著十分輕微的顫抖，但我深呼吸了一口氣穩定情緒，沒讓他們發現。

該死的，我好痛恨自己當時的恐懼，但我不能讓他們看出來。

「就這些東西嗎？還有沒有其他的？」

「沒有了，就這些。」

「真的沒有了嗎？」

「真的沒有了。」

「要不要再確定一下還有沒有東西在口袋裡？」

毒癮

「我確定沒有了。」

「可不可以把口袋翻出來看一下？」

「是可以，但有必要嗎？」

「就看一下，沒問題的話，你就可以走了。」

「好吧。」

我稍微把兩個口袋往外翻，但這時，我雙手的顫抖很明顯不自然了。

「來來來，翻到底，把口袋整個翻出來。有什麼東西不敢拿出來給我們看嗎？」兩個刑警邊說，又往我更靠近了一步。

這時路口又是紅燈，已經停了好幾輛汽車跟摩托車，我感覺每一個駕駛人的眼光都正往我這邊投射，彷彿期待著一場好戲。

我決定認輸。

我像一隻鬥敗的公雞，虛弱地告訴他們：「好，我拿出來，但可不可以等綠燈？等旁邊這些人離開之後。」

「好，等你，但別想搞鬼。」他們很快地應允，卻也不忘警告。

綠燈一亮，原本停在路口的所有車輛離開之後，我伸手進去口袋深處，把那個紅色小夾鏈袋拿出來放在坐墊上。

「東西全部在這裡，真的沒了。」我兩手一攤。

「來來來，你自己說，這是什麼東西。」他們眼睛一亮。

「搖頭丸。」

我大概用盡了全身的力氣，才說出這三個字。

同時，我把口袋全部翻到底，徹底招了。

「梁嘉銘先生，我現在因為你違反〈毒品危害防制條例〉逮捕你……你有權……請跟我們回警局一趟協助調查。」

其中一位熟練地將一長段宣告迅速地對著我念了一遍，另一位從腰間拿出手銬將我銬上，收拾好現場所有物品，把摩托車推到路邊騎樓停好之後，就將我帶上了那輛黑色偵防車，往中山分局疾駛而去。

雙面人生

發生什麼事情，大家應該都很清楚了吧。

是的，我是個攜帶一級毒品的現行犯，那晚被抓了，人生第一次進警局。

至於我有沒有吸毒？呵呵，說沒有，鬼才信。

被抓之前，我已經是個毒齡將近三年的毒蟲。

白天，我是個正常的上班族；下班回到家，我是太太的先生，一個孩子的爸爸。看似一切再正常不過，但一進到黑夜裡，我就是另外一個常常毒癮發作的我。

多麼不堪的兩面生活，雙重性格。

我想念我自己

以前在電影、電視裡看到的情節，今晚都發生了，只是主角變成是我。

第一次被戴上手銬坐警車進警局。

第一次十根手指整根都塗滿黑色油墨蓋完整指紋。

第一次站在身高量尺前拍下正面及側面照片。

第一次被帶進隔離的小房間問訊做筆錄。

第一次不能想離開警察局就起身離開。

在徵求警察允許後，我撥了通電話給我太太小葳。那時大約是凌晨一點半，電話響了幾聲之後接通……

「小葳，我被抓了，我人在警察局。」

「什麼？你在警察局？為什麼？」

「我身上有毒品。」

「然後呢？」

「警察說今晚要拘留一晚，明天上午會移送台北地院開簡易庭，大概下午可以交保。你可不可以帶大概三萬塊來台北地院，準備保我出去？」

「好，我知道了。」

「小葳，對不起……我真的很對不起。」

「明天再說。」

掛上電話後，警察說我可以抽根菸，他去準備驗尿的東西。我一個人呆坐在椅子上，朝天花板吐了長長的一口煙——這是第一次我覺得我人生真他媽徹底搞砸了。

不一會兒，拿著紙杯進廁所尿了一杯準備送驗的證物，交給在門口等待的警察，回到小房間在筆錄上簽名之後，隨即我再度被銬上手銬，帶上另一輛警車，前往幾分鐘左右路程的中山二分局的地下拘留室，完成移送。

第一次，我失去自由，像隻動物被關進籠子裡。

籠子裡的一夜

拘留室就是一個大籠子無誤，每一根不鏽鋼柱都比我的大腿還粗，已經有六個人比我先坐在裡面了。

一進籠裡，我就知道我無處可逃，插翅難飛。裡面鋪著廉價的木地板，所有人都坐在木地板上，要是誰移動身體，還會發出吱吱的聲響，所有人都會聽見。我找了一個位置坐下，看了看四周，正在想廁所在哪裡時，空氣中彌漫的一股屎尿味很快給了我答案。

我所在的這個空間不大的拘留室地面正中央有個把手，一個跟我同室居留的中年男子提了一下把手之後，一塊正方形木板被掀了開來，他往那個方形小空間裡一蹲，自顧自地拉起屎來——就在眾人眼前。但大家彷彿看著一個隱形人，沒有人有任何反應，或者說就算有反應又能怎樣，乾脆當作沒看到，頂多呼吸調慢一點，眉頭更皺一點，因為實在是臭得緊。

幾分鐘後，開始有人互相聊起天來，我沒加入，只是專心地聽著。

跟我一起待在這個空間裡的，有酒駕嚴重超標的，有金融票據通緝犯、竊盜通緝犯、喝醉了打架傷人的，還有一個眼神始終恍惚的毒蟲。我心想：「我怎麼會跟這些敗類搞在一起?!」一秒之後立刻找到答案，「因為我也是個敗類啊！」我忍不住苦笑了一下。

我想念我自己

隔壁的拘留室是女子拘留室，關的都是一些偷渡過來的大陸女人，看來是在這裡等待被移送往「靖廬」（新竹收容所），準備之後被遣返回大陸。那幾年，靖廬始終人滿為患，被遣送時間未知，導致她們在這間拘留室已經待上好一段時間。

有個女人脾氣十分火爆，整晚不斷用大陸口音的髒話咒罵坐在門口看守的警察。「我操你媽！到底什麼時候才讓老娘走?!等我出去，我一定殺你全家，我操你媽！」這句台詞，整晚大概聽了幾百遍有吧。一開始，我有點驚嚇，後來也就習慣了。門口的警察倒是始終很淡定，完全不回應，一派悠閒地看著電視，點著菸抽。

那晚，電視正在重播張菲主持的一個綜藝節目，來賓又唱又跳。我聽著電視的聲音，躺在地板上稍微放鬆了自己，畢竟情緒已經緊繃了一整夜。

原本這時候的我應該已經按照慣例，在夜店或酒店裡嗑藥high到天旋地轉，不知東南西北；但今天卻是連搖頭丸都還沒吞，就被抓進籠子裡，極沒尊嚴地待審。

眼前的天花板離我好近，我好想念我的家、我的床、我的小葳、我的女兒馨馨，還有以前的自己，那個沒碰過毒品的我……

我好後悔。

淚水，沖走了糾纏

隔天一早，我是被警察從不鏽鋼柱間丟進來的一份蛋餅砸到臉，醒過來的。我連一口都沒吃，因為不知道今天又會發生哪些「第一次」，還有下午要怎麼面對小葳。一想到這些，就完全沒胃口。

幸好，九點多時，警察就通知要移送到台北地院，準備開庭。很快地，我又被銬上手銬，帶上警車，往台北地院去。天已經完全亮了，外面的空氣比拘留室裡好上一萬倍。我突然想起隔壁拘留室裡的那個咆哮的大陸女人，而且有點同情她。

上午十一點多，終於完成開庭，沒有意外地，法官判我可以交保，回家等待驗尿結果。於是，我趕緊又打了一通電話給小葳，告知大概下午一點可以來保釋我。

「你可以抱抱我嗎？」

下午一點四十分左右，終於聽到法警叫我的名字，表示已經有人幫我完成交保手續，我可以離開了。

我快步離開了暫時拘留室，幾乎是用小跑步的速度離開台北地院門口，看見小葳已經在不遠處等待著我。

我走到她面前，問她：

「你可以抱抱我嗎？」

她點了點頭，抱著我，一句責備的話都沒說，只是輕輕拍了拍我的背。

我也無語，但我終於哭出來了，嚎啕大哭。

隨著眼淚……

我知道我可以把長久以來對太太、女兒，還有這世界的欺騙都放下了。

我知道我該把糾纏我快三年的安非他命、搖頭丸和K他命的癮頭都放下了。

我知道我該跟上帝和好，該把自己找回來了。

02

把自己找回來

即使現在已經事過境遷多年，每當我回想起那一段與毒品為伍的歲月，還是覺得無比驚險。

因為每一次碰「毒」，都像是在懸崖邊跳舞。

在懸崖邊跳舞

為什麼要吸毒？

因為我覺得吸毒是全世界最快樂的事情，直到現在，我還是會這樣說。

吸毒，可以讓我在當下無端創造出巨大的快樂與滿足感，快速、方便。可能簡單到只需要花費吞下一顆藥丸的工夫，接下來幾個小時，甚至一整天，只要放點強烈節奏的音樂催化血液中的毒品，我的世界就會純粹到只剩下快樂。

平常聽起來過分尖銳、嘈雜的聲響，在毒品迷幻的當下，都會讓我興奮到全身發抖。就因為太簡單了，所以我很快地就反覆沉溺於其中，愈玩，頻率愈高，愈用，劑量愈大，這是長期吸毒者必定經過的過程。

這就是我說的「在懸崖邊跳舞」——在吸毒的過程中，我對快感的期望值是無限的，同時，對身體能承受的臨界值是無感的，只要一個不小心過量，一隻腳踏出懸崖邊，我的命就會直接到底，真的「爽死」了。

吸毒所帶來的快樂，點滴都是被預支到透支的生命，都是高利貸，每借一分快樂與滿足出來，藥效過後，就要還十分的空虛和痛苦回去；因為不想還或還不起，只好繼續預支，索性讓它惡性循環。

不知不覺間，我的世界和我的人開始破碎，接著，一片一片地失去……清醒過後，想要把它們再一片一片地拼回來，談何容易。這過程是一場身體與意志的漫長戰爭。

魔鬼的誘惑

就我自己戒癮的經歷來說，身體對毒品依賴的癮，大概持續了一年才消失；而心裡的癮，至少持續了三年才漸漸掙脫。過程中，魔鬼會使用「誘惑」這玩意，在任何時間、任何地點，突然冒出來襲擊我，只要一個不小心，所有的努力與堅持就會在一瞬間歸零。

我舉步維艱地哭號，都伴隨魔鬼在暗處放肆地訕笑。

我很清楚自己不夠強壯，必須依靠我所信仰的上帝來打這一場肉體與靈命的爭戰，教會和我的家人是我最重要的陪伴。心上每一道傷口的癒合，都是無數次殷切的禱告所

換來的醫治。這一段時期，我最大的學習是「面對自我的軟弱」及「處理生命的破口」。

這樣講起來有點玄，連我自己都有點看不懂了（笑）。我講白話一點好了，就是「面對自己，處理自己」。

人生來就是死要面子的動物。很坦然地把生命中難堪的問題攤在陽光下處理，絕不是與生俱來的人性，往往需要一些助力來促成，通常就是一些一塌糊塗的慘痛教訓。

我的慘痛教訓就是吸毒成癮。

那麼，我生命中難堪的問題是哪些呢？

不追溯還好，一追溯起來……哏！還真的是好難堪的密密麻麻，多如牛毛。

從我的原生家庭親子關係，在青春期所留下的痛苦；求學過程中經歷的挫敗；感情生活中，與對象間的相互虧負；職場生涯裡，我做過的那些不可告人的醜陋……細數不盡。

我以為那些黑暗的不安已經隨著時間消失，但它們只是蒙上歲月的厚塵，占據了一個被我刻意忽略的角落，繼續真實地存在著。

很多痛苦只是過去了，並沒有被解決，而是無聲地持續累積著。當每一件事被回憶起，畫面竟是如此清晰，我這才明白陰影面積有多大，而自己不自覺地被困在其中，不見陽光好久好久。

毒品，只是一種無效的麻痺

當時，我的教會剛開始啟動一個從美國馬鞍峰教會所引進的，叫做「歡慶更新」（Celebrate Recovery）的小組事工，主要目的就是針對各種成癮的問題做處理。正在對抗毒品成癮問題的我，很自然地就在當中尋求。

對基督徒來說，在信仰的教導中，透過禱告向上帝尋求力量是一個很重要的過程。但基督徒也是平凡人，自然也會在諸多人性當中掙扎，而忘了還可以交託上帝來處理很多自己無力面對的軟弱——這些軟弱，往往都是真實的自我。

在那段歲月裡，我就是在「歡慶更新」這個事工裡面學習、練習這個部分。

把一件件痛苦的回憶拿出來重新梳理一次，專心地為這件事情禱告，向上帝尋求在罪裡的綑綁被釋放，拿掉那些記憶猶新的恨，放掉那些其實很在意的怨懟。

一次又一次的回憶，一回又一回的禱告，我很清楚有許多難以承受的重量慢慢地消失了，我遇見了久違的輕鬆，發自內心的輕鬆。

漸漸地，我愈來愈清楚自己的不安已經沒有那麼多了，更不需要用毒品來解決我的不安。毒品，只是一種無效的麻痺。

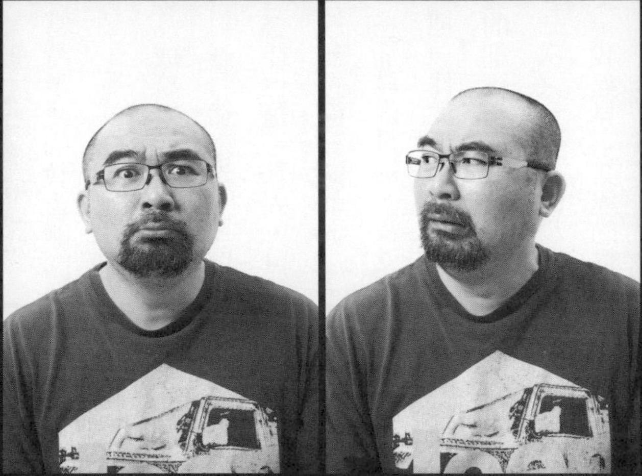

感動可以一輩子……
快感只有一下子！

時時刻刻在「選擇」

三年後的某一天，我受邀去參加一個朋友的生日派對，同行有幾個是以前一起吸毒、嗑藥的玩伴。

一到派對現場，不得了！桌子上擺了好多熟悉的玩意兒：幾十顆搖頭丸，幾十包K他命，兩、三塊磨粉用的K磚和幾張變形的塑膠卡片，一堆捲成老鼠尾巴的大麻菸，一顆顆安非他命的結晶成品，各式各樣吸食安非他命專用的水菸斗……若在以往，我的眼睛早就亮到可以射出鹹蛋超人的雷射光了吧！整夜吸毒狂歡是必然的結果。

坐在桌子前，看著這些毒品……我清楚記得每一樣東西能帶給我什麼樣的爽快，我也記得怎麼樣使用它們，可以讓我進去什麼樣的迷幻超人世界，在朦朧間飛上月亮，又在瞬間飄回地球。

感謝上帝，我一點都不想讓它們進到我的身體，一點欲望都沒有了。

我的平安夠用，不需要向魔鬼預支。

跟往事乾杯

那天，我只喝了一瓶啤酒、抽了幾根菸，待了半小時，跟朋友聊聊近況。大家對於我不玩了這件事都頗意外，因為我以前可是滿「大隻」的玩家，一個晚上至少五顆搖頭丸、好幾克K他命和好幾管大麻，最後還要來點安非他命。

每一回玩到天亮，我基本上都是幾乎脫水加神智不清的狀態。

結果現在只喝啤酒?!還趕著要回家?!

最後，我在點唱機點了一首姜育恆的〈跟往事乾杯〉，其實也沒人在聽我唱歌，大夥兒嗑完藥後，都已經開始進入意識顛三倒四的狀態，此時唱這首歌，只是我自己在寂寞地宣示罷了。

乾杯　朋友就讓那一切成流水

把那往事　把那往事當作一場宿醉
明日的酒杯　莫再要裝著昨天的傷悲
請與我舉起杯　跟往事乾杯
舉起杯　跟往事　乾杯

下一首音樂是羅百吉的搖頭音樂〈戰鬥〉，已經不是我的歌了。走人，回家去。

很奇妙吧！每個人今天的模樣，都是來自於過去每一天記憶的累積。

通往美麗的路，沒有捷徑

在經歷過這段歲月之後，我並沒有練成百毒不侵的神功，還是一樣繼續經歷著各式各樣的喜怒哀樂，繼續在各式各樣的高低情緒中擺盪著，不斷地在很多痛苦中掙扎，還是有很多事情要繼續跟上帝尋求，需要很多人為我禱告。

幸運的是，我學會選擇用比較自我建造的方式來處理，而不是選擇吸毒、自我毀滅這條看似乾脆，事實上卻很無奈的絕路。

每回有人說他覺得我的發文或我做的事很正面、很陽光的時候，我都好想告訴對方：「硍！我今天的光亮，都是來自於昨天那些曾經的黑暗啊啊啊～～～」（嘶吼）

不斷地犯錯，不斷地選擇，不斷地後悔，不斷地割捨，不斷地面對，不斷地心痛。

通往美麗的路上真的沒有捷徑，而且人人公平，對生命誠實一點總不會錯的。

人生就是不斷地收縮、用力、痠痛，然後……

突然就強壯了。

每一滴眼淚都是紀念

回頭說說驗尿跟判決結果吧。

那天在台北地院交保回家後，我足足等了三個多月，才收到判決書。算我命大吧。被抓那天之前的那五天，我人在國外出差。我不敢冒險帶東西過海關，所以那五天完全沒碰到任何毒品。一般而言，毒品在身體裡大概會在三至四天內，就經由尿液完全排掉、代謝掉；也就是說我回台灣時，身體是乾乾淨淨的，除非驗我的毛髮，否則光驗尿是驗不出東西的。

打開通知書：尿液檢驗結果的毒品反應呈現陰性，過關。這代表我躲過了兩個月勒戒所——等於坐牢——的漫長勒戒期，我可以繼續保持自由之身。吸食部分不起訴，但持有二級毒品部分被判了拘役，換算成罰款罰了兩萬七千元，繳錢結案。

這些事，連我爹娘都不知道！

不得不說，等待判決書的那三個月真是漫長，一想到萬一得進去勒戒所蹲，那可就淒涼了。首先，工作一定得辭掉，實在編不出理由讓我請這種長假。沒了收入，家裡要怎麼生活？回來之後怎麼找工作，更是令人頭痛。另外，要怎麼唬爛爸媽也是個問題。畢竟好好一個兒子要消失兩個多月，既沒戰爭，又沒上外太空出任務，實在很難解釋……

跟各位說一件更驚悚的事，我的這段過去，只有小葳和部分教會的人知道，我的家人完全不知道，很恐怖吧！

然後，我現在一五一十地全部在書裡面寫出來，他們就會全都知道了喔，超恐怖吧！但我想事情都已經過那麼久了，現在我也算挺認真地好好做人，頂多被老爸、老媽跟老姊們罵幾句髒話，我還頂得住，了不起我再加碼罰跪一下，大家四四六六就算了吧！我還會是我老媽心中最帥的好兒子吧……XD

至於我擔不擔心有一天我的女兒們會知道爸爸的這些狗屁倒灶的事。當然不擔心啊！我反而希望她們能夠牢牢記得這一切，並且明白：每個人都有機會親手搞砸一些事（包括自己的人生），但當下的輸贏只會留在當下，只要留住「盼望」這個籌碼，就有機會重新來過。上帝造人，絕不是為了毀滅人。

我永遠會很樂意跟她們聊聊我的每一個「冏時刻」，只要她們想知道。這輩子，我留不下太多富貴顯赫給她們，但至少我要當一個不失去盼望的榜樣。

永遠心存盼望

寫這篇文章的過程，對我來說確實不好受，也反反覆覆掙扎了好幾回，畢竟自剖時，有可能一個不小心就會劃出新的傷口。

我今天之所以決定把這段不光采的往事寫出來，是因為我相信上帝會使用我的過去，鼓勵一些正在苦難中掙扎的人不要失去對自己和未來的盼望。

我想傳達一個訊息：God never wastes a pain.

相信我，上帝會紀念我們每一滴眼淚，從痛苦到痛快。

生命是一個輪，在時間軸上朝單一方向滾動。而輪是圓的，沒有人會永遠被壓在底下。

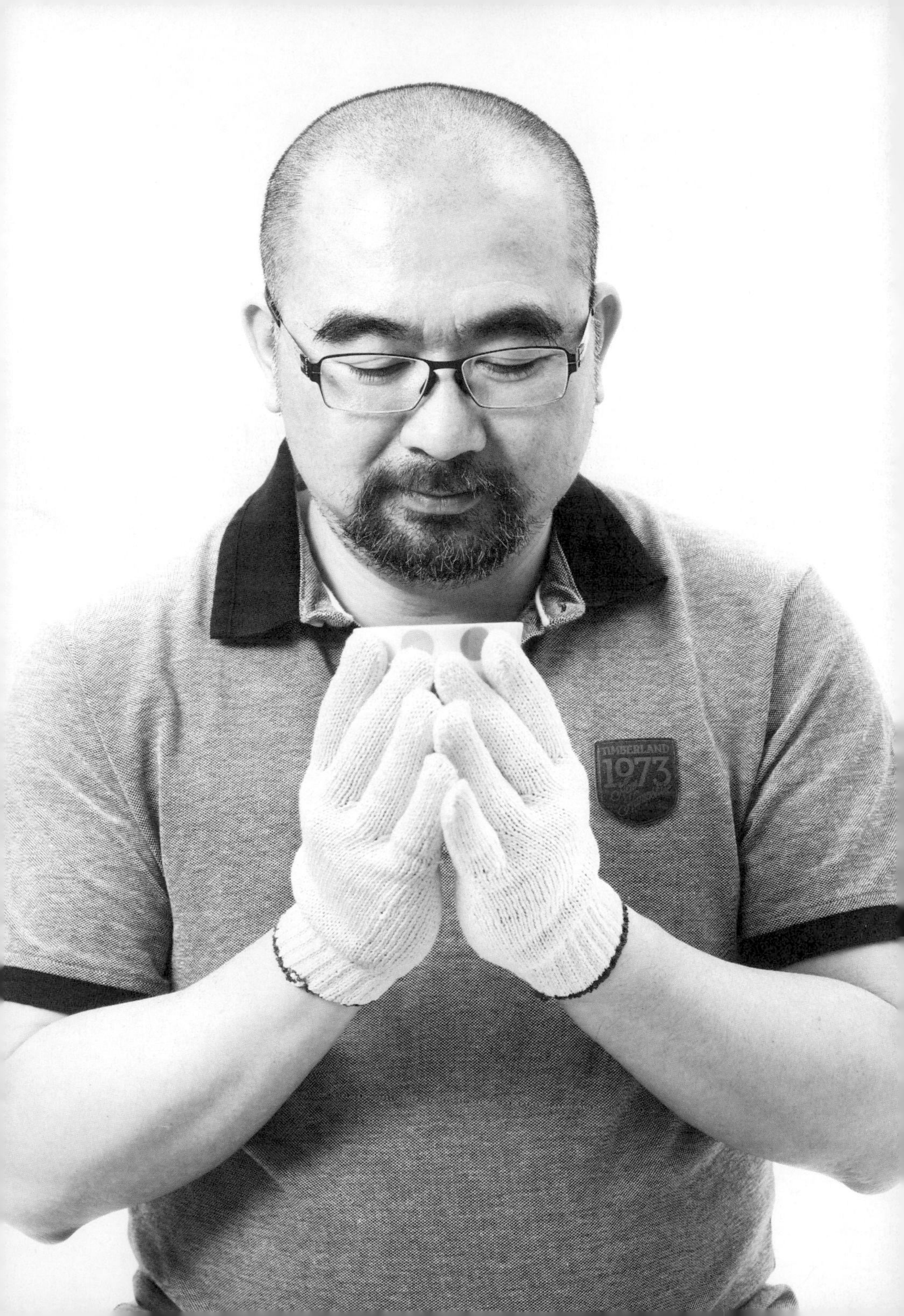
TIMBERLAND
1973

PART 2

對工作專注

從零開始是痛苦的，有成就感是痛快的。

01

我的帥並不是天生的

每當有人告訴我：「你真是一個隨時隨地充滿正面能量的人。」
我都好想大喊：「我才沒有！我大部分時間是很暗黑的！」
因為有黑暗，才會對比出光明。
只要有光明，就會有黑暗。

作答

睡前，突然翻到舊筆記本裡記載著二〇一二年底剛創業時，我的公司「寶爺食代」前半年的「營業額」：第一個月是一九五〇〇，第二個月是六五〇〇〇，第三個月是四〇〇〇〇，第四個月是五〇〇〇〇，第五個月是六六〇〇〇。

直到第六個月開始，「淨利」才開始有機會和生活支出勉強打平。

一旦上了路，就不回頭

每天早上七、八點，我騎著豪邁一二五出門，跑遍內湖科技園區、中和科技園區、新竹科學園區和五股工業區，一家家公司送試吃、揪團購，找廠商、看工廠、送貨，打電話、接電話、抄訂單、寫貨運單……

下午繼續騎車，趕回家之後，在客廳裡，賤內小葳和我用前一天女兒笨馨和肥栗摺好的紙箱，一起包貨、裝箱，等宅配傍晚來收貨、出貨。

出完貨，就去接小孩回家，陪著她們玩，陪她們講話，等待她們一天天長大。

睡前整理一下自己的心情，在FB上寫寫文章，有喜，有怒，有悲。夜裡敲下鍵盤的時刻，其實都是我生活壓力的逃城，很多的壓力灌進文字裡，整篇超重的文章有時反而把我自己壓得喘不過氣。老媽借我的二十萬本錢如果一不小心燒完了，那可是連一縷灰燼也看不到，唯一留下的大概是絕望的氣味吧。

這樣和數字拉扯的不安日子過了四百多天，其實我也不知道我是怎麼撐過來的，我只知道我不想回頭，我只能繼續這樣下去。

第二年，同事梅子每週兩、三天，挺著懷孕的大肚子從新店騎摩托車到板橋我家，幫我出貨，而當時我一個月只付得起一萬塊薪水給她。

我的答案，是我自己寫出來的

每一天，我都在想下一個產品在哪裡，下一張訂單怎麼來，下個月收支有沒有辦法

平衡。我常常沒有答案。感謝上帝，用歲月中這些刻骨銘心的日子讓我自己去找答案，沒有殘忍地收走考卷。

如今，舊筆記本上這些自己記錄下來的數字，讓我回想起這些年的這些過程。我的答案是我自己寫出來的，可不是天上掉下來的。作答過程的痛苦，您沒看到而已，我的帥並不是天生的。

做很多事情，我的先天條件沒有比人家厲害。

我只是憑意志力堅持得比大部分的人久，有一天突然就變成別人口中所謂的厲害。

其實，我本質上還是沒有比人家厲害……

只是別人先放棄了。

一步一步，都是自己的腳步

第一次看到自己粗下的辦公室時，其實心裡百感交集，很想裸體在辦公室滾他個一人圈。

我沒有富爸爸，也沒有金主，當初拿著向老媽借的僅有的二十萬本錢，從一台電腦、一人公司、一項產品開始做起。一晃眼，這家公司已經存在好幾年了，而且上帝對我很好，沒倒。

我的野心一向不大，心臟也不夠大顆，膽子也很小一粒，所以我選擇很慢、很小心地挑每一項產品（蓮花指的概念），走每一步路（小碎步的概念）。

我對動輒幾百萬、幾千萬的超級大訂單沒興趣，因為以我公司的規模也接不起這樣的數量，硬要吃，只會噎死我自己而已。

對我來說，不管賺多賺少，有獲利才是真正的生意。把一塊錢賺進來口袋了，這一塊錢才是我的，不然都只是在唬爛而已。

安心和無愧

這幾年，陸續有許多機會找上我。可是，投機的暴利生意我沒興趣，用騙的生意我也不想碰，所以我只能規規矩矩地做做小買賣。雖然沒機會一夕致富，但至少每一天，我可以很安心地吃飽、睡飽。

尤其最近很多人告訴我：「你幹麼傻乎乎地全面導入線上金流跟電子發票，這樣你所有的交易都會留下紀錄，你每年還要繳一堆稅給其實挺無能的政府耶！」

我也只能笑笑地說：「政府無不無能是一回事，該繳的稅，就乖乖繳吧！至少我不用擔心將來被國稅局追著跑。」

我要的只是一個安心和起碼的無愧。與其花時間想辦法逃漏稅，我不如花這時間做生意。萬一將來有機會賺大錢，再去研究怎麼節稅都還來得及。

就這樣，一天一天——今天，我終於要成立一間屬於寶爺食代的辦公室了。

跟同事站在一片荒蕪的辦公室門口，我笑了笑，又要花時間，一步一步地把這間辦公室變成我心目中的樣子了。

感覺挺爽的，因為一步一步，都是自己的腳步。

在事情看起來不費一點力之前，其實，我已經好幾次都用盡了最後一點力。

人前人後都要輕鬆，都要很Rocker，沒這回事。

不一定需要有我

我的兩個員工鳳姊和梅子姊忙進忙出地在整理辦公室及添購許多用品。好幾次，她們問我有沒有什麼意見，我的答案幾乎都是：「你們決定就好，東西以後大多是你們在用，以你們爽為準。」

只有我們坐的椅子是我自己去買的，因為我覺得身體長時間要坐在上面的地方，還是講究一點，但請她們去買，她們一定會很客氣，很節儉，乾脆就我自己來。以前上班坐的那種辦公椅又硬、又小，連頭都沒地方靠，實在太折騰人。

這間辦公室，我打算負責的管區只有我自己的桌子。

再者，這間辦公室，我並不打算對所有廠商開放，會接待的頂多是夠熟的朋友，設立的目的只是希望有個很舒服的空間，方便大家做事和休息。

再加上梅子姊會帶著孩子到辦公室工作，整個空間就必須要很便於讓那小傢伙鬼混，隨時可以躺著就睡，趴著就玩。

我的最高原則就是：把它弄出你家的感覺吧！不用管風水，也不必設限，我完全沒忌諱。你們只要把事情做完，別來煩我就好。

看著逐漸成形的這個空間，除了我的位置之外，其他的地方幾乎都看不到我的意志或味道。

這樣的小公司、小空間，我很滿意。

人生每一次回頭都會看到不同的風景。
豐盛始於荒蕪，成於戒慎，安於無愧。
百合綻放，馨香自來。

再開中華堅達貨車

二十年前當黑手時，成天開著中華堅達貨車到處跑，大街小巷鑽，高速公路衝。車上的冷氣總要從清晨開到下午才會開始冷；但一旦開始冷，十分鐘後，冷媒管就會結冰，於是整輛車又變成三溫暖烤箱，抹點鹽巴立刻排汗出汁。夏天開一趟車等於游一趟泳，衣服絕對可以輕易擠出水，臉上滿滿都是熱出來的油。

車上的音響連聽電台都會破音，放錄音帶進去還很容易絞帶——聽蔡琴的〈月琴〉聽到一半，你會誤以為她在錄音室邊唱歌，邊被亂刀砍死或遭麻繩勒斃。終於聽到讓人很不忍心，把錄音帶硬拉出來之後，永遠是一坨黑色的「炒米粉」，又要拿玉兔牌原子筆插進齒輪中央，像做復健一樣地轉帶子，救活這卷錄音帶。

換檔時，變速箱總是切不到下一檔。若硬推、硬拉，還會被相磨的齒輪罵：「硍硍

再開中華堅達貨車

砭砭……轟！」接著突然換檔成功往前衝。白白被罵了一頓髒話。我總忍不住回嗆，但變速箱始終沒理我，下次換檔，又會再來一次。

當車後斗載滿了一整車三十條，有幾十公斤重的砂石車大輪胎，開車時，方向盤會飄到像在酒醉滑冰，轉彎時，兩輪隨時準備離地。萬一固定繩鬆脫了，傾巢而出的滾動輪胎絕對讓後面整排車直接「Strike」全倒。

車子的避震器就是一疊鋼片，過坑洞時，震到連殘障朋友都想起身走路，吵到重聽的人都覺得吵，再加上椅墊的泡棉是有等於沒有，讓人練功數十年都打不通的任督二脈瞬間炸開，增進一甲子功力的同時，也耗損了一甲子的陽壽。

千萬不能忘記加油，因為柴油引擎一旦開到沒油而熄火了，就算你立刻懺悔幫它加滿油，另外再開祭壇連拜七七四十九天也沒救，鐵定要拖回車廠拆引擎，還會被修車師傅挖苦，「你當柴油車吃電喔？」回公司之後，再被老闆訓一頓，「花錢請你，不如請一塊燒臘！」

ㄟ……話不是這樣講。你老實說，有哪一塊燒臘有能力去加油站幫你的中華堅達加柴油？我比燒臘絕對要強上一點點！

開這種車在路上，沒有妹會看我，但我不會放過看任何一個妹。

轉動回憶的方向盤，為明天打拚

隔二十多年，為了去搬新添購的辦公室家具，向朋友借了這輛車。

再坐上中華堅達開動它，有點陌生又帶點恐懼地轉著方向盤，彷彿看見當時我那雙滿是烏油、黑垢的粗壯雙手；打開窗，吹著風，彷彿年少時，額前的茂密瀏海仍在隨風擺動；一切都只是記憶中的真實，如今的彷彿（摸摸已禿的頭ing）……

以前當工人跟現在當老闆開中華堅達的目的，其實沒什麼不同，都是在為自己的明天打拚、走闖。

感謝上帝，讓我曾經駕駛中華堅達吃過很多苦，所以我更珍惜今天再駕駛中華堅達時，知道原來所有曾經的辛苦，都會是未來的祝福。

萬一有一天，我不再順遂，又必須再開中華堅達吃苦——不怕不怕，那只是上帝要給我另一個祝福。

我只是客氣，不是傻

這是一段發生在創業不久時的不愉快經歷。記錄下來，不是因為憤怒，是因為清醒。

所謂「買賣」，就是你從某個地方、以某種價格、將某樣東西購入，接著在另一個地方、以另一種價格、將某樣東西售出。當「另一種價格」高於「某種價格」時，就叫賺錢；當「另一種價格」低於「某種價格」時，就叫賠錢。

賺錢時，身心舒暢，腳步輕盈，陽光很耀眼，花兒也鮮豔。賠錢時，只要不會摧毀公司正常運作，當老闆的頂多哀號兩聲表示痛苦，了不起再夾雜兩句髒話，表示真的很痛苦，也就算了，拖著腳步也得繼續往前走。無論賺錢或賠錢，都是做生意的過程中一定會遇到的狀況，不過是一場自己和錢的悲歡離合罷了。

但生意當中有一種狀況，不管賺錢、賠錢，都讓人嚥不下這口氣，那就是「被騙」。

有互信，才有合作

我的公司型態是經營品牌通路，背後會需要許多供應商供應我產品。我那些創業初期的供應商們，基本上都非常友善與誠實，總是願意提供好的產品——他們努力做，我努力賣，各司其職。

其中有一家廠商，老闆是個非常努力的人，做的產品很有水準，整個工廠的量產能力也穩定。雖然他的產品成本往往比市場高，但我還是很樂於委託他持續代工，反正我也會在市場上用相對較高的售價賣出，誰都不會賠錢，皆大歡喜。

雖然這老闆常常把「這些東西的製作成本好高喔！」「其實我每一檔都是賠錢在做。」「我幫你做這些東西，真的是賺不到錢啦！我應該把售價再往上提的。」這些話掛在嘴邊，動不動就哀號個幾下，但我心裡的算盤一打，確定不可能之後，也就當作是玩笑話，沒再多加理會。

很自然地，我與這家工廠在接連三檔產品都取得不錯的銷售成績之後，彼此有了更深的互信基礎，當然會想要繼續往後延伸。那時，正好接近一年三大節的其中一節，市場上有著相當大的送禮需求，我當然也對這家工廠提出了相關的討論。

幾天後，那老闆就拎著一個禮盒出現，口沫橫飛地向我解釋內容物是如何如何地精美，口味是如何如何地超群，這檔產品就非它莫屬了！說完，他打開禮盒要我立刻嚐嚐口味，我也就不客氣地當場狼吞虎嚥了起來——果然有水準，原料要健康有健康，要好吃有好吃。這玩意兒我完全認同，賣！老闆站在一旁，也露出了得意的笑容。

按照慣例，我請他盡快提供進價成本給我，我好核算利潤，決定市場售價、安排上架時間，上網公告。當時距離節慶只剩下不到一個月的時間了。但當下，他反問我：「這個禮盒，你打算賣多少？」

「要看你的成本啊。你給我的成本決定了，我就會把售價定下來。」我下意識地回答，沒多想些什麼。

「反正時間不多，你先上網公告這個產品的上架時間吧！成本我再想想，之後給你。」

「好，那就麻煩你盡快囉，別害我開天窗。時間出來，緊接著客人就會問售價了。」

「放心啦！我們又不是第一天合作了。」他笑著說。

是啊，又不是第一天合作了，總不會出什麼大紕漏吧。我心裡是這麼想的。

發出產品的上架預告後，轉眼一個多禮拜過去，有不少客人開始詢問相關售價及可

下單時間，很多老客戶甚至不問價錢就先預訂了一批。於是，我撥了通電話給那老闆，問：「成本算好了嗎？快點給我，我要公告售價了。」

電話另一端的他不疾不徐地再次反問我，「你打算賣多少啊？我這東西的成本真的不便宜喔！我們既然要長期合作，就要考慮多一點層面的事情。」

「我要賣多少，我自己會決定。你算好你的成本、加好你的利潤，給我報價單就對了。趕快吧！我已經跟客人說明天會公告售價了。」我開始有點不耐。

「你先告訴我售價吧，隨後我就把成本給你。有幾樣原料的成本一直在漲，我又要賠好多錢囉！但放心啦，我一定會挺你的。先這樣吧，我去忙備料的事情。」他一派輕鬆地說。

掛上電話後，我這才隱約覺得事態不對，但似乎已上梁山。

由於對客戶的承諾在先，我只好坐下來，按照經驗法則推算出一個可能的成本，接著加上安全的利潤，得出一個數字後，我再度撥通了電話。「我的售價定好了。我有先抓高，大約是〇〇〇元。你給我的進價成本到底是多少？」

「嗯嗯，我剛剛也算出來了。由於原料成本一直漲，我實在也擋不住，所以我最後能給你的價格是×××元。我已經確定賠錢了，但我還是想辦法讓你有錢賺，乾脆把我原本的利潤也給你了。」他還是一如以往的論調。

聽完他提供的數字之後，我無聲地笑了——他不僅有賺，而且賺大了！最後還能施捨一些微薄的利潤，當作給我的恩惠。至於售價能不能再調整？因為我原本就抓很高了，也沒有什麼再上調的空間了。

各位了解了嗎？我被迫先提供的售價，決定了他的成本，而且礙於隔天就要開賣的時間壓力，也只能隨他信口開河。

就這樣，雖然我覺得很不合理，極度不甘心，但礙於對客戶的承諾，也只能硬著頭皮幹了。

莎喲娜啦，請多珍重

那一檔的一千組禮盒還是如期地熱賣完售。照理說，這事兒就應該船過水無痕，反正大家都沒賠錢，只是賺多、賺少的差別而已。

但，命運就是那麼愛捉弄人！我才剛被弄完，接下來就立刻輪到他了。

前往他的辦公室結帳那一天，我坐在他的辦公室裡，數著等一下要全數移交給他的鈔票時，聽見他在陽台講著電話。

他說：「××禮盒還有啊，可以出。雖然過節慶時間了，但價格還是一樣喔，每盒還是×××元。你一樣要再十盒嗎？沒問題！」

登愣！聽到「×××」這個價格，我就像被雷擊般震驚，完全不敢相信自己聽到的。一開始我還替他解釋：可能是有另一個我不知道的規格吧，應該是誤會。

但，命運看來決定要捉弄他到底。我瞄到了他的辦公桌上擺著一張報價單，忍不住多看了一眼——哇靠！跟我的一模一樣的規格和品項，價格就是我拿到的×××元，數量：五盒。

結論出來了：太帥氣了！我拿一千盒的「批發價格」，等於他賣給他客人五盒或十盒的「零售價格」。萬一有客人從我這裡買了禮盒後，看到他這裡有一模一樣的東西，價格卻天差地遠，我以後還要做生意嗎？

此時，講完電話的他走進門來，一臉笑容地告訴我：「你看你，一千盒都賣完了，又賺一筆囉！哪像我都還要繼續賠錢幫你做。但沒關係啦，大家是要長久合作的，不計較那麼多了。來來來，我們可以來談談下一檔要做什麼產品囉！」

我笑了笑，手指了指桌上的報價單，說：「你剛剛講電話，我也聽到了：一樣的東西，一樣的價格。來吧，這是這檔禮盒的貨款，你點一點，看有沒有少。」

他一臉心虛地接過錢，一邊低著頭點數，一邊嘴裡還在解釋，「你要相信我，給你的東西跟給他們的品質差很多，我真的是賠錢在幫你做啦！我有很多委屈都沒說出來，不代表沒發生……」

「沒關係啦！我想了想，一直讓你這樣賠下去也不是辦法，我想我們的合作就到這一檔為止，以後大家各自保重吧！」

說完，我起身就走人。他沒追出來，應該也是感到不好意思吧！

上一次當，學一次乖

開車回家的一小時車程，我大概抽掉了半包菸。

我能說他騙子嗎？好像不行，生意場上的買賣是你情我願，只能怪我自己考慮欠周，忘了應有的提防，在面對不合理的報價過程中，也沒有堅守立場，最後落得自己成了一顆大豬頭。怪誰？怪自己囉！

從這次刻骨銘心的教訓之後，我學乖了。上一次當，學一次乖，每個人心中都有一份黑名單，他的名字就鏤刻在我創業生涯伙伴的黑名單之上，而且還是第一位。

我決定繼續前進，略過這片風景。

抵禦

有一陣子，心裡一直悶著一個疙瘩，因為被占了便宜，說大不大，說小不小。不至於大到影響生活，但也不至於小到心裡沒有感覺。

我知道當「金錢」這個魔戒出現在眼前時，有很多人是嘴裡述說著人情義理，心裡卻在盤算著傷天害理，從聲音感受不出異樣，但眼神中的貪婪卻無法遮掩。在生意競技場上來去久了，總能多少磨練出一些見識，所以我看得出來。

很年輕時的我，也曾經深陷那樣的痛苦與試煉中，在貪婪中難過，在誘惑中失敗過，為的是套上魔戒一瞬間的快樂，所以我打從骨子裡懂。何其有幸，上帝給過我一些極尷尬的教訓，讓那種羞愧感很深、很深地鏤刻在我的記憶中。

我知道那樣不好受，所以後來面對來自世界的多所誘惑，我通常都能拍拍自己的臉頻，清醒，然後做一個可以面對自我的選擇。

「信任」是一個善循環

做生意的這些年，我遇到過想騙我的客人、廠商和朋友，在不影響公司營運的前提下，我通常選擇讓對方得逞，即使明白那並不合理，並不出於善良。我的直覺通常很準，但在握有證據之前，一切以無罪推定。我通常秉持自己的信任原則，繼續相信，就算有人當我是「盤子」或凱子，我也一笑置之，因為我始終覺得「被信任」是一件很棒的事情，我周遭的人都應該從我身上得到這個美好的東西，並且有朝一日會回饋到我身上。

理論上，這會是一個善循環。

幾年下來，事實證明我基本上是對的，公司的經營表現不算差。雖然經歷過幾次廠商發生狀況，但也由於我在利益及款項上一向不拖不欠，只有多付，絕不短少，所以即使最後想法不同，分道揚鑣，也沒啥口舌可以被人家落在嘴裡猛嚼。

豁然開朗的一段路

找個下午，騎車去拜訪新廠商。沿途，電話斷斷續續地響起，為了安全的緣故，也因為不想被打擾，我索性統統沒接，就算響到手機爆炸也不接，天皇老子打來也一樣（反正爆炸也沒辦法接）。

就這麼專心地騎著車，吹著風，讓沿途從市區到山路的風景如卷軸般在兩側展開，高架道連著小路，大樓接續山嶺，一幕又一幕。

到達目的地，辦完正事後，又是一陣輕快的油門飛馳，從山間穿梭回市區。途中，在林口長庚醫院的商圈稍事休息，買了根豬血糕，蹲在路邊自顧自地啃著、嚼著，晒著太陽。

幾輛救護車快速地駛進急診入口，車頂的紅色警燈快速旋轉著，即使在大白天的陽光下，還是讓人一陣緊綳。

我心想：車上這些人，不是傷的，就是病的，不然就是死的，基本上沒有一個是快樂的。病魔或者死神正在瘋狂地占著他們的便宜，而他們不一定有抵抗的能力……

嗯哼，其實我只是被一些人生中難免出現的「小皮輪」占了一些便宜，好像沒有我想像中的這麼糟嘛！「小皮輪」永遠就是在陰暗不見光的蠅頭小利上滾動著，而外貌極度

抵禦

姣好的寶寶我，卻是可以用我覺得安心、舒適的步伐，在陽光下走自己該有的大馬路。被占便宜頂多代表我不聰明，甚至有點笨，但並不會讓我羞愧，不會抬不起頭。我幹麼突然這麼介意？繼續帥才是我的責任呀！

ＯＫ，豁然開朗。〞

扔掉手上的豬血糕竹籤，甩了一下瀏海，我再度騎上我的大Ｂ，如風一般地遠去。

今天過後，如果您還是想占我便宜，甚至騙我，儘管來。在不影響生活的前提下，我還是會盡量選擇讓你騙，只要別太過分。

希望有一天，我們能肩並肩走在一起。

一段小心情，寫得有點長，僅此而已。

當你決定要保持愉快時，就沒有人可以逼迫你生氣。

計算機人生

有朋友問：「寶爺，你會怎樣培養你的小孩，好讓他們以後找工作時遇到比較少的阻礙？」

我答：「如果可以，我一點都不希望她們去上班；至少，不要上班上一輩子。對她們，我唯一想培養的是『勇敢』吧！」

我們的教育體系中，整個過程一直在教導（灌輸）孩子「為將來上班、找個好工作做準備」。我也看過太多父母不斷不斷地如此耳提面命，不外乎是希望孩子走一個安安穩穩的套路。

奇怪，為什麼不能好好鼓勵孩子們「有機會就出去創業，為自己闖一闖」呢？不一定全是為了錢，而是為了眼界，為了更認識自己。有眼界的人，才不會被困在結界裡。

計算機人生

在創業的過程中，最好玩的就是會不斷地犯錯，不斷地發現自己是豬頭，不斷地修正自己的做法和心態，最後發現自己真的可以勇敢作夢，勇敢想像。我個人在這個過程中收穫頗多。我會努力讓我的女兒們也能勇敢作夢，勇敢想像。

如果人生可以拿計算機就按完，那就太可惜了。事情做對了，做適當了，獲利只是必然的結果。

朋友：「大寶，現在的你跟二十幾歲時的你，最大的差別在哪裡？」

現在的我……

對事，盡可能聰明。

對人，能多笨就多笨。

小時候的我，完全相反。

現在的我，自在很多。

02

用力把事情做到底

我只是很相信自己的直覺和經驗判斷，起身出門，用力把生意做到底。
就這樣而已。

加盟

一位好朋友打電話來，興奮地告訴我：「寶爺，我決定要跟隨你的腳步，辭職創業去。下禮拜就提辭呈。」

我立刻向他道賀：「太好了！先預祝您創業順利成功。打算要做啥？」

「我打算去加盟便利商店或早餐店，這樣最快、最省事。」我彷彿看見他發亮的眼神。

「抱歉，我必須潑您冷水一下。加盟不是創業。加盟只是換一種形式的上班，主要還是在幫人家賺錢。而且我可以很篤定地告訴您，加盟機制基本上都是有利於公司。加盟商賺的利潤之於起初的夢想，只是杯水車薪。強烈建議您還是多想想。」

「但我什麼都不會啊！不然你告訴我，我能幹麼？」他的語氣很茫然。

「上網查，什麼資料都找得到，就看您要什麼了。」我也只能這麼告訴他了。

加盟商與加盟主

為什麼有人會當「加盟商」？

一、因為不知道從何起步、切入。

二、因為想要快速擁有一個體制可以運作（當老闆）。

三、因為想邊做邊學，累積經驗，過幾年後，自己出來做。

為什麼有人會當「加盟主」？

一、因為本身已經創立了明確的產品或營業標的，而且可以快速複製。

二、因為發現做起來很累，一定要趕快找人幫忙做，但又不想自己直接投資擔風險。

三、先收加盟金賺一筆，接著每天賣原料，繼續大賺特賺大部分的利潤。萬一加盟商違約了，還能再賺一筆違約金。

需求與供給的滿足

說穿了，雙方就是「供給」與「需求」的彼此滿足。

加盟主邪惡嗎？或許真有那麼一點，但人家至少是先動過腦筋創造，才開始想辦法偷懶。但從另一個角度想：加盟商是不是自己懶惰，不肯做功課，只想一步到位，當老闆賺大錢？

曾聽過太多類似的例子，有許多加盟商抱怨加盟主什麼都要賺，還要管東管西，限制東限制西；等加盟多年之後，才發現浪費了太多時間及金錢，而真正進到自己口袋的利潤只有九牛一毛。當初夢想的創業、賺錢和展店只是一場春夢，一旦夢醒，後悔也來不及了。

怪加盟主很壞？加盟商怎麼不檢討一下自己很懶又很貪呢？捕獸夾擺得那麼明顯，興沖沖要踩的是自己，搞得滿身傷，要怪誰。

再說一次，網路上，什麼資料都查得到。連上網都懶，就別怪人家欺負您無知了。

市場

每隔一段時間，就會看到有人學寶爺食代做的產品。最近又有朋友告訴我，從別的地方看到了「很熟悉」的產品和做生意的方式。

我看了一下，果然，從產品類型、規格到運作方式等，無一不學（我不用「抄」這個字，因為食物類的生意和產品本來就是從經驗學習的過程，我也是靠經驗學習來的）。有些學得很徹底，看得我很讚賞；有些學得很馬虎，看得我啼笑皆非。

朋友問我會不會不爽。

一點都不會！因為這是非常有成就感的事情，說明了我的方向和思維是對的。當我做出一定的成績之後，有人想模仿、學習，再正常不過。尤其是在已經沒啥新鮮事的網購食品領域裡，能夠掀起讓人跟隨的浪頭，絕對是件值得引以為傲的事兒。

有人說過我就靠耍一張嘴皮子做生意，我沒啥意見，因為當我已經在前面創造了新的局面時，他還只能在後面忙著想怎麼酸我。

要模仿、要學習，儘管來，因為我也忙著在模仿、在學習我覺得厲害的目標，並且在適當的時間，用我認為適當的方式推出我的產品，這就是大家共同擁有的「市場」。

一起玩吧！

氣啥？開心都來不及了！

在決定每一樣產品之前，我都會問自己：「這個產品你打算賣給誰？有把握賣多少量？」

如果抓不出客戶群和市場預測值，我寧可不做。

生意是一連串的「因」累積出的「果」。

經營社群只有兩件事

有一家公司要我幫他們操盤經營社群網站。

公司：「梁先生，我們老闆希望委託您幫我們經營公司的社群網站，想徵詢一下您是否有意願。」

寶：「怎麼個經營法？」

公司：「就是把粉絲人數弄得跟您的一樣多，版面一樣熱鬧。」

寶：「你們計畫要花多久時間？」

公司：「我們是希望一季或最多半年。」

寶：「我寫了四年廢話，才無意間騙到二、三十萬個腦粉。您如果想要一季或半年就騙到這數目，照我的觀察經驗，找個夠大咖的大明星代言比較有機會。」

公司：「還是您有合適的人選可以推薦？」

寶：「網路上很多，一堆在教經營網路社群的大師跟老師，也有在幫忙操盤的。關鍵字打一下，要多少有多少。」

公司：「那些我們都研究過了，好像都只是在講理論，他們連自己的社群都經營得七零八落，還有一些感覺根本是騙子。」

寶：「成效不好，學生就說老師騙。老師也可以說是學生自己慧根不夠，努力不足啊！一邊只想貪快找捷徑，另一邊滿腦子要財求名想當大師，結局可想而知。」

公司：「所以我們才來找您啊。」

寶：「如果我答應您，我就跟那些人沒兩樣了。您另請高明吧！」

我的心得：

一、經營社群只有兩件事：時間，誠意。

二、大師與老師教材裡的一百萬種技巧，基本上都是網路上有的，您也能上網找到。

三、盡信書，不如無書。

以上，共勉之。

行銷

有不少人問過我，「寶爺，要怎麼做行銷？」我常常不知道該怎麼回答。每當我給不出答案時，有些人會覺得我是吝於分享、交流——拜託，我真的沒有那麼小氣啦！

一、我不是本科系，也沒修過相關的行銷課程。

二、我這輩子沒看過任何與行銷相關的書。

三、基本上，我跟那些行銷大師、老師、天師……完全不熟。

我只是很相信自己的直覺和經驗判斷，起身出門，用力把生意做到底。就這樣而已。

所以，不是我不回答您，是因為我跟您一樣沒有idea。

文案

花錢去向網路上自稱大師的人上課，學寫行銷文案？我個人覺得此舉根本是浪費生命，浪費錢，還不如多看點不正經的閒書和各種莫名其妙的電影，多去街上閒晃，看看這個世界在搞什麼鬼。最重要的是：一直寫，一直寫，一直寫，一直寫。東寫、西寫、亂寫都好。

就我個人來說，文案的產出是經過全面觀察，鎖定幾個面向思考，站在受眾的立場，最後循著目的性所推敲出的簡約文字，是要直接敲擊到人心的，長要有長的味兒，短要有短的力道。絕對沒有一體適用的公式。套公式的滿街都是，一點都不稀罕。連您自己都沒想看的欲望了，還奢望人家會被您的公式感動？

每個人都可以寫出獨一無二的文案，不是堆砌美麗的辭藻，不需要模仿油膩的技巧，而是建構真實的感動。您自己就是您尋尋覓覓的大師——我說的是實話，還不收您錢。

做生意要有道義

我的閨密「中和肥倫」做經銷商多年，最近卻被原廠狠狠地陰了一把。講電話時，可以充分感受到電話那端他氣到臉肉高速狂抖的震波，透過電話線完全無耗損地傳遞過來，搞得我接電話的手也像跑完一場激烈百米般酥麻酥麻的，久久不能自已（微翻白眼）。

道義與尊重

行走江湖做點B to C經銷小買賣，最討厭遇到的兩檔鳥事兒：

一、被客人欠。欠啥？當然是欠金錢。

二、被廠商陰。陰誰？當然是陰經銷商。

遇到第一點還好，頂多喊幾次：「風吹雞蛋殼，財去人安樂。」出門吹吹風，倒也事過境遷，神清氣爽。做生意難免遇上幾個潑皮無賴，這是宿命，萬不可違。

遇到第二點就麻煩了，這就像結婚紀念日當天，看到老婆翻牆出去找隔壁老王一樣嘔。找她理論，她還要一把鼻涕、一把眼淚地說一切都是誤會，她真的很抱歉，但其實她也受了不少委屈，她不過就是想要被愛的感覺……

總之，中和肥倫把被陰的過程詳細地描述給我聽。聽完，我只想對他說：「硍！換個伙伴吧！」

做生意，除了銀貨兩訖，最重要的就是「道義」了。什麼叫道義？就是一種賺不到錢，甚至賠錢，但大家還是會開心的信任感覺。一樣產品賺不到，就換個產品，繼續一起努力，總會有一個產品槓上開花還帶門清一摸三，讓大家數錢數到手軟。

重點在於「尊重」。你想換個方式，只要商量過，先打聲招呼，大家都有默契、都不反對，有何不可。

生意的最終決勝點在通路

身為經銷商，努力賣貨是天經地義，畢竟有賣，大家都有賺。不要裝威猛地亂砍流血價搶生意，不要造成原廠對其他的經銷商難交代，否則帶給自己困擾也是應該。

身為原廠，如果沒有經銷商用力幫忙賣，不管商品再好，也只能堆在自家倉庫當兵馬俑裝氣勢而已。為什麼原廠沒有多站在經銷商的立場想想呢？還是不願意？

傻瓜原廠才會笨到去跟經銷商搶生意，或讓經銷商難做生意。經銷商可是最會幫原廠把兵馬俑變成現金的傭兵伙伴耶！

在這個資訊高度流通，知識高度普遍的年代，已經很難再有什麼劃時代的新發明了，再高檔的品項，也頂多就是材質不一樣而已。生意的最終決勝點在哪裡？就在通路！「通路為王」這句話絕不是喊爽的。會賣東西的重要性，絕不亞於會做東西。

既然大家各有專業，為什麼不互相尊重呢？

中和肥倫再氣下去，臉肉抖著抖著又消耗掉不少熱量，我很擔心他就會瘦到九十五公斤，然後我就得餵他全公司的每匹馬子吃免費牛排。他付出肥肉，我付出牛肉，雖然我們都會很開心，但我們還是不喜歡被陰。

不管是故意還是疏忽，「道義」二字，咱們做生意的，都不能不慎。

夢想很豐滿，現實很骨感。

成本

在網路訊息收件匣裡看到了一個有趣的問題，發問者是一個大學剛畢業的小男生。「寶爺，可不可以指點一下，要怎樣才可以像你一樣不花什麼成本，就能做生意賣東西？最近我剛好也想創業……」原本我應該直接忽略這則沒營養的私訊，但我突然覺得應該告訴他一些成本的概念，而且公開說，因為我相信很多人也跟他有一樣的想法。

寶爺食代這家小公司，其實真的不花什麼成本——

一、做個官網要花幾十萬。

二、做個APP也要花幾十萬。

三、板橋鬧區的店面租金，每個月好幾萬。

四、區區三個正職員工每個月十幾萬，還不含兼職。

五、為了看一樣根本不知道會不會賺錢的新產品或是開個會，我常常早上在台北，搭高鐵中午到高雄，晚上搭高鐵回台北。

六、有些客製的貨，一不小心就是先付個一、兩百萬給廠商，若賣不好或賣不完，也是我自己束緊肚帶。

七、遇到一些價值觀比較神奇的客人，所有的時間及金錢損失也是算我自己的。

八、遇到一些過於聰明的廠商，我還要花很多時間去小心，注意他的聰明會不會讓我變成「盤子」。我這幾年就當過幾次「大盤子」。

九、在網路上，有太多太多的高明哥、批判姊。這些人三不五時就對你的產品或你的人大肆發表高見，但事實上，他們從來沒有買過你的東西。他們只是很單純地不爽你生意好。

十、還有太多什麼功課都不做，連上網查資料都不願意，只想簡單問個三兩句話就要你把所有真理整理給他，讓他可以很快發大財的懶惰蟲。

還有其他林林總總的成本，我就不想再多說了。

對了，您看完第十點，有沒有覺得跟誰很像？

付香蕉，當然只請得起猴子

今天像背後靈一樣纏在設計師身邊，終於把新產品的包裝設計搞定了。設計師平常的個性機歪歸機歪，長相跟我相比也明顯不夠水準，但是做起事來真的沒話說，只能給他一個啾咪了。

提到設計，有件事讓我不吐不快。一樣產品從發想、起草，再到定稿，在過程中，會有數不清的意外需要應付，甚至有可能砍掉重練。

很多業主仗恃著自己是出錢的一方，對於設計師要求無止境地變更、修改。一開始都講得很好聽，說什麼讓設計師自由發揮，但初稿一出來之後，就開始意見一堆，這要修、那要改，搞到最後，根本差距十萬八千里。這時，業主還要抱怨設計師的功力不

夠、態度不好，還好自己很謹慎、很認真，才避免掉一場可能的災難。

其實說穿了，根本就是業主自己在起初沒有先做功課，確定自己要的方向，最後才會搞得大家人仰馬翻，曠日費時。

再仔細看，這些業主通常都是開一個貪小便宜的價格，然後釣上自願亂削價競爭的設計師，在合作之初，就是彼此CP值跟觀念都低落的結合，最後導致雙方互相抱怨、嫌棄，也是再合理不過的結局了。

付香蕉，當然只請得起猴子——這邏輯很難懂嗎？

相信人家的專業，不要企圖説服專業來相信自己的「假會」。
現在付的成本，只要還能負擔，都是小事。

值不值？

廠商：「梁先生，我是您的長期粉絲，有機會邀請您為我們公司的電子器材新產品寫使用心得文嗎？」

斂財寶：「可以談啊！」

廠商：「太好了。您寫文，我們就會免費送您這套器材喔，市價一萬元。」

斂財寶：「抱歉，我不要免費器材。我寫業配文，每篇收費是台幣八萬零一元起跳喔！您若是長期粉絲，應該很清楚啊！」

廠商：「我們是剛成立的公司，實在沒有那麼多預算。您就當幫個忙吧？」

斂財寶：「我們沒有私交，要我幫這個忙，未免太過唐突。而且將來你們公司大賺錢時，也不會因為我幫過你們這個忙而記得分紅給我，是不是？」

廠商：「難道一定要滿口都是錢嗎？」

斂財寶：「您們開公司賣產品，找我寫業配文，難道是純粹為了散播歡樂散播愛？還是為了多賣一點，多賺點錢？」

廠商：「您寫一篇文值八萬？」

斂財寶：「抱歉，是至少八萬零一元，一塊都不能少。嫌我貴的話，我有很多神級部落客朋友，您可以試試找他們，我可以介紹給您。」

廠商：「我們觀察過了，他們的人氣與流量跟您不能比。」

斂財寶：「那不就對了？我們剛剛的對話是不是都在浪費時間？」

結論：

一、很高興宣布又一家廠商放棄找我寫業配文了。本人的業配文大門至今未被買破。

二、本人業配文的價碼是每篇台幣八萬零一元起跳，始終不變。沒有交情者，請別討價還價。

三、台灣多的是部落客，若您拿出的是香蕉，請去找猴子，別找我。我是低級臉書客，比猴子還要低一級的畜牲。

以上，敬告各位廠商。

態度、格局與誠意

有一家南朝鮮的廠商透過朋友的牽線，找到我一起喝咖啡，希望我幫他們寫產品的使用感想文。

廠商：「梁先生，不知道您理想中的酬勞是多少？」

寶：「因為我實在沒接過，那就每篇八萬零一元吧！」（開高價嚇走他。）

廠商：「我們關注您的人氣和討論率一段時間了，這樣的價格沒問題的。」

寶：「呃……還有，寫好、寫壞，隨我爽喔！我會照實寫，你們不能有任何修改，一個字都不行，除非錯字。」（擺明要任性。）

廠商：「我們真的觀察您很久，將近兩年了，知道您的個性很任性。但我們老闆也說了，只要您寫完，給我們一點時間去盡可能修正您提出來的問題，然後把文中的這些部分移除；剩下我們無法解決的部分就完整刊出沒問題的，我們願意虛心接受這些批評。」

寶：「如果我拒絕了，會不會任性到太過分？」

廠商：「不會，這是我們意料中的事。但我們想表達的是：只要您隨時有興趣，就隨時和我們聯繫。我們真的很期盼和您的誠實合作。我們沒有把您當部落客看，我們把您當邪教教主……我這邊有一份空白的合約，隨時可以拿出來修正相關條文，我們從韓國原廠來的老闆就是希望在不影響您的前提下，進行合作。」

寶：「硍！XD」

說真的，先撇開我對南朝鮮的個人偏見不談，有時，我實在不得不佩服南朝鮮廠商的強烈企圖心。

一、他們很認真地花了時間關注和研究我的習性（從對談中可知，他們對我以往的貼文歷史及型態瞭若指掌），並且給予極大的尊重。

二、他們願意用很積極的態度來修正產品，並且面對可能的批判。

三、他們對於出來洽談的人很顯然有充分授權——授權得非常誇張。

我真的不得不佩服（摔筆）！

無端的打擾

寶寶的臉書粉絲團是個充滿各式專業人才的地方，說臥虎藏龍也不為過。這些人在各自擅長的領域中皆學有專精，有些人是靠這些專長賺取費用生活，有些則是純粹興趣玩票，但一不小心就玩出了興趣和專業度。總而言之，言而總之，這些人就是很屌，很專業。

由於寶寶的帥度夠，顏值高，所以常常受到這些朋友的照顧，他們也很大方地給予寶寶各樣專業的協助。但寶寶在敘述這些受惠的過程時，通常不會寫出他們的名字，因為我不想要他們的生活受到無端的打擾。

借問一下會怎樣？打個折會怎樣？

什麼叫「無端的打擾」呢？我舉幾個例子：

一、寶寶的律師朋友曾經收到「自稱是我的粉絲」傳私訊，詢問各式的法律問題，請我的律師朋友指點一下他該怎麼辦。

二、寶寶有很會畫圖、做設計的朋友曾經收到「自稱是我的粉絲」傳私訊，要他們幫忙出張圖，甚至還有邀其幫忙設計一下logo的。

三、寶寶有在做生意賣東西的朋友曾經收到「自稱是我的粉絲」傳私訊，問買東西可不可以打個折或算便宜一點。

親愛的……

一、您知不知道，一般找律師諮詢，一小時都是六千、八千起跳的？

二、您知不知道，設計師畫每一張圖，都需要時間和精力這些成本？

三、您知不知道，每一樣生意都是需要押成本的？

可偏偏總有一些人覺得：我的問題又不複雜，問一下又不會怎麼樣；畫張圖很快，幫一下又不會怎麼樣；有開口就有機會，更何況你賺那麼多，打個折會怎樣。

親愛的，這些人如果願意幫您，那麼免費回答法律問題、免費幫您畫圖，甚至讓您打折打到見骨，都不會怎麼樣。但前提是——您究竟是哪位？您怎麼好意思開這種口？

專業是有價的，即使只是順便

沒有任何人應該無償貢獻他的專業或給您優惠，只因為您厚臉皮地、自私地想要滿足自己貪小便宜的需要。連寶寶我帥成這樣，顏值高到這種程度，開口請這些人幫忙前都要考慮再三，並且第一句話就是：「該收的費用請照算，請不必幫我打折。」這是我對他們的專業及個人感受的尊重。

就算我們是朋友，我也不想因為這層交情的緣故，去要任何一分我原本就不該多得的好處。愈是朋友，我買東西愈不要打折，因為我要讓朋友賺他該賺的利潤。愈是朋友，我開口要協助時愈是不好意思，因為幫忙我不是人家的義務。英俊挺拔、玉樹臨風如我，都已經這樣謹慎、這樣小心翼翼地對待我的朋友了，您，憑什麼能如此輕易地開口？

最後想跟您說：專業是有價的，即使只是順便。打折不是義務，打您只是剛好。

使用者付費，您可以退下了。

03

做到「我認為的剛剛好」

我本來就是隻羊，為什麼要有狼性？
我喜歡吃草，何必硬吞肉？

就是要沒志氣

有位想跨足電子商務的朋友問寶寶，「寶爺，可不可以說一下你經營寶爺食代的概念是什麼？」

寶寶想了非常久，概念大概是這樣子的：跟台灣境內的其他電商公司比起來，寶爺食代的經濟規模頂多只能算是一家小型電商，以一種獨特的經營方式，在夾縫中生存著。

組織小，產品少，做不大，不易倒。不管是公司或產品，我沒興趣做最大、最好。我有興趣的是做到「我認為的剛剛好」。

我看不到大電商們的車尾燈，也不想看到。至於微型電商們，也不會想理我，因為寶爺食代還不成氣候。戰國，不必有我，也別煩我。

結論：顏值超高，但相當沒志氣的經營者……

咩

跟一位很積極、上進的小青年聊天，他很認真地對我說：「寶爺，我覺得你做生意太保守了，一點狼性都沒有。」

我笑了笑，告訴他，「我做生意真的很保守。我本來就是隻羊，為什麼要有狼性？我喜歡吃草，何必硬吞肉？」

「你這樣，生意會做不大。」→「我從來就沒想要把生意做大。我比較有興趣陪我兩個女兒長大。」

「你把一手好牌玩小了。」→「但我一直有得玩啊！」

「女兒早晚會離開你。」→「所以我更珍惜她們離開前的每一天。」

咩咩咩～～～～

為了剛剛好

公司在高雄的實體店面結束營業之前，我去了一趟中國青海，拜訪超偏遠黃南洲大山裡的「希望小學」，那是在中國極偏鄉地區，由民間發起設立的學校。

還記得那天經過一大番舟車勞頓之後，抵達希望小學約莫已是中午。吃完青稞，喝完氂牛肉湯和酥油奶茶後，摸摸鼓鼓的肚子，我一個人走出學校，往傳說中連綿無盡的青海草原深處悠然地散步去。

遠處，山邊稜線優雅地分別出上、下兩片蔚藍與翠綠。夏季高原上的風吹來微涼卻無寒意，感覺全身的毛孔都如同我的臂膀一樣自在地張開，享受著天地造物的恩寵。

我就在這幅畫當中，朝同一個方向散步了一個多小時。我以為這樣的時間已經足夠走到草原的盡頭，最後卻發現自己被草原團團包圍了。

世界只有眼前那遠近深淺不一的綠，偶爾行過一列放牧逐草而食的羊群；頭上穹頂滿滿的藍，綴著片片四散遊走的灰白。而風與我的呼吸、心跳，是唯三的聲響。

我累了，索性往草原上就地一躺，人躺成了大字狀。我閉上眼不看了，只單純地呼吸、呼吸、呼吸……

悠悠醒轉後，看了看時間，約莫一個小時就這麼被我睡掉了。但我沒急著起身，繼續在草原上躺著，就這麼又發懶了十幾分鐘，我突然自言自語地說了一句，「這……不就是我夢想中的生活嗎？」

我擁有的一切，剛剛好

經過幾年的耕耘，度過了一關又一關的考驗，緊抓著一次又一次的機會，現在我終於可以每隔一段時間，就安排一段屬於自己的、放下一切的小旅行——不必時時刻刻打開信箱收信，不需要擔心餃了沒人照顧，不用時時刻刻讓工作占滿生活，不必對事事錙銖必較，繃緊神經。

我買不起私人飛機，也買不起百坪豪宅、名貴超跑，我的公司不是跨國大企業，我養不起一大群員工，我沒有花不完的錢……但我不是一無所有，而且我覺得我擁有的一

切剛剛好。

我每天都有時間、有很多愛可以給我的家人，我也讓家人每天都有時間看到我，有時間愛我。把家人先顧好，是我最重要的大原則，也是最優先的考量。

我的公司是網路上的一家小電商，只有三個員工，剛剛好，每個我都照顧得到。

甚至，我還有能力去照顧到一些比較弱勢的族群、機構和動物團體，也剛剛好。

最重要的一件事是：此刻，我擁有許多屬於自己的時間，可以做自己覺得重要的事情，哪怕只是讓自己放空。

時間、自我，人人想要，卻千金難買。

我都有，而且剛剛好。

取消展店計畫，一點都不可惜

在青海之行前，我很積極地計畫寶爺食代要在全台灣的北、中、南、東，除了板橋店之外，再增加設立五至六家分店。我花了時間研究市場，找了店面，規劃預算，也很積極地明查暗訪適合的伙伴人選，希望盡快把所有分店全部到位，開始營業。

但在青海草原上的一個午覺之後，我徹底打消了所有的念頭。

為了剛剛好

當我多擁有六家店的時候，我就需要至少增加六間店面，六套軟、硬體設備；最重要的是，至少得增加十二名員工。

店面、設備，都是可以預期的花費，說穿了，只要預算足夠，基本上就能解決。但人呢？每一個人都有一顆心，一顆心時時刻刻可能有幾萬種情緒變化，再加上每個人背後家庭的狀況，那可不是三言兩語就能夠交代的。

我看過太多太多企業經營者在追求擴張的過程中，付出了各種慘痛的失去，而且這些失去通常都不可逆，比如家庭，比如時間，比如自己……

事業擴張後所帶來的這一切身心與現實負擔，絕對會摧毀我所擁有的「剛剛好」。

說不想要更多財富是騙人的，但如果帶來的只有更多財富（若運氣不好，還可能是虧損），那麼我寧可選擇對手上所擁有的一切滿足。

所以，我毫不猶豫地做了最後決定：除了板橋店留下，其他所有籌備中的店面或已設立的高雄店，我都要撤掉，即使要付給房東違約金，即使只用了半年的裝潢、全新設備都浪費了，我也不覺得可惜。

我繼續專心把網路電商這塊做好也就夠了。

剛剛好了。

板橋店就繼續開著，盈虧無所謂：當作開身體健康的。主要是店後面的空間就是辦

公室。還是要有間辦公室，有位置讓同事們可以上班做事，做好電商的客服。

您問我：「收掉一間賺錢的實體店面，可不可惜？」

我真心覺得一點都不可惜。

如果失去了對「剛剛好」的滿足感，我才會扼腕一輩子。

我這輩子發不了大財，剛剛好而已……（燦笑）

所謂「功成名就」，這玩意兒從來只存在於他人的眼裡、嘴裡。

我們實在不需要用盡力氣去「成為」什麼樣子。上天創造我們時，已經給了我們每一個人充足的條件，讓我們成為自己。

許多痛苦，其實只是因為「不滿足」而已。

決定了，今天的腳步要慢一點。

虐心

閨密「中和肥倫」和我在聊天時，提到了「繳稅」這件事。我跟他都是從一無所有之中白手起家，不管生意好壞，全面按規定開發票的人，所以一談到這碼事兒，兩個人就開始扭曲＋哀號＋掩面抽泣……為什麼？因為不管賺多或賺少，把稅繳出去就是某種程度的心痛，這每一分錢都是我們拿青春、鮮嫩、無邪的肉體換來的。

同一晚，另一個友人跟我談到他朋友最近與國稅局「大鬥法」的過程，三不五時地跑國稅局說明、解釋，最後還真的讓他拗掉了不少稅，而且繼續不用開或開極少的發票就能順利應付。

我和我老娘聊天談到這件事時，忍不住抱怨了一句，「吼！乾脆我也來想辦法躲稅，省下來的錢就給你和老爹拿去養老。」

老娘瞄了我一眼，冷冷地說：「肖ㄟ！我和你老爸不需要向你拿錢，更何況是偷來的錢，我們不要。我跟你老爸做粗工做了一輩子，我們沒有做生意的腦袋，但我們該繳的稅一毛都沒欠過政府。你不可以逃稅！逃稅的錢，我不要用。」

「知道啦，我有乖乖繳啦！我長那麼帥，不會丟這種臉啦！」我笑著回應她的激動。

「死嬰仔真敢講……」

繳不繳稅這檔事兒，是極度虐心的人性考驗。我相信我們可以找出一百個理由逃稅，但我不想讓我的老爹、老娘等家人以我逃稅為恥，光這一個理由就夠我繼續繳下去了。

親愛的中和肥倫，我們繼續扭曲＋哀號＋掩面抽泣吧！

乖乖繳稅，罵罵奧客，日子還是可以過下去的。

善良是經過選擇後的決定。

人可以用謊言包出善良的表面，全世界都會看到。

卻永遠站不到善良的本質裡面，只有自己才知道。

嘿！開發票的人不是笨蛋

有家廠商的產品做得很不錯，很賺錢，原本我們已經談到合作的細節部分了，但最後還是破局——因為開發票這件事。

對方告訴我，「你這種乖乖開發票的人是笨蛋，辛辛苦苦賺的錢給國稅局抽一堆不合理的稅。奴性很重的順民才會乖乖去繳不合理的稅。」

我聽了之後，跟他說聲「謝謝指教」，旋即結束會談，走人。

因為這麼聰明的生意，我做不起、做不慣，也不想做。我這輩子已經做過太多不入流的勾當，不想要連做生意也見不得光。

至少有一天當國稅局來查稅時，我可以大大方方地對他們喊：「歡迎光臨！」不用躲躲藏藏地搞A帳、B帳，不用心虛地瞎扯一堆鬼話來掩飾逃稅的真相。

至於稅制合不合理，我沒有那麼大的智慧去參透，也不想花時間去研究，那是我的會計師的工作。我的本分是做生意，不是抗議。

就算我是個笨蛋，也是個可以抬頭挺胸的笨蛋。在我的孩子面前，我不丟逃稅這種臉。

謝謝指教。我會繼續開發票。想跟我做生意，也請您乖乖開發票，因為笨蛋需要。太聰明的人別來找我，免得被我笨到。

啾咪！

實在很難跟笨蛋解釋他為什麼是笨蛋。

所以，我決定承認笨的人是我。

謝謝，不聯絡

絕交

接到了一位朋友的電話。

友：「寶爺，我有個很要好的朋友想找你合作，很有賺頭。」

寶：「可以來談一談啊！什麼商品？」

友：「消災、祈福、改運……所有與命理有關的項目都可以。我朋友有多年修行，這方面他很在行，也有場地。大家信得過你，你負責宣傳揪團，利潤對分，成本超低，基本上都是純賺。」

寶：「我們認識幾年了？」

友：「四年多了啊！」

寶：「ＯＫ，我們朋友做到今天，以後請不要跟我聯絡！」

親愛的：

生命不順利的辛苦人、心裡沒有安全感的膽小鬼、生活有欠缺的可憐人……這些人的心中本來就有一塊缺口，已經夠不如意了，您跟您朋友還想抓著人家的脆弱，藉此發財。嘴巴上說是做功德，實際上根本乘人心理缺憾之危，缺德缺到可怕！

我這個人雖然也不是什麼好東西，但還不至於去幹這種不入流的壞勾當！

我一點都不高尚，但我更不要這麼髒。遠離您這種人，是我唯一做得到的事。

謝謝，不聯絡。

Seafood

友：「寶爺，我想介紹一位師父給你認識。」

寶：「什麼樣的師父？」

友：「他有自己的道場，供奉的是〇〇和×××神明。他修行多年，很有功力，想要跟你談合作。」

寶：「合作啥？」

友：「你來開團，他可以測字、改運，還有做消災祈福的法事，也可以接受預約看風水。」

寶：「你知不知道自己現在在說什麼？」

友：「知道啊！這是一門雙方都可以獲利的生意，還可以兼做功德。」

寶：「……你真的是我朋友嗎？」

友：「幹麼這樣講？」

寶：「一、我是基督徒，你哪時看過我搞這些東西？二、我不利用人家心裡的不安全感來賺錢，那叫『乘人之危』。」

友：「這又不違法，幹麼一副很清高的樣子。」

寶：「違不違法，我不知道，也不想評論，但有違我有賺錢就要開發票的原則。還有，我一點都不清高，但不想這麼不清高。你找別人吧！我不擋人財路，但我不賺這種昧著良心的錢。」

結論：

一、這個朋友從此被我列為拒絕往來戶。很高興少了一個這樣的朋友。

二、以宗教之名，利用人心的脆弱來賺錢，就是低劣！低劣！低劣！

三、自己不好好做人，鬼神也愛莫能助！

絕對賺

「寶爺，我有一個絕對賺錢的生意想找你合作。」每當有人這樣說……「絕對賺錢，太棒了……我沒興趣。」我一定這樣很直接地拒絕。不是我不想賺，實在是因為往下談過幾次之後，我發現：

一、這類人通常沒錢，找你只是為了找錢當他的本。

二、這類人只想做「牽猴仔」，找機會占乾股，後續分錢，就這麼簡單。叫他參與工作或一起扛責任，想都別想。

三、這類人很愛欲言又止地裝神祕，或者老愛強調「所有關節都打通了」，或「這案子背後有誰誰誰在撐腰」……

相信我，絕對賺的生意，早就被賺完了。假如真的絕對賺，還需要一個連本錢都沒有的三七仔來舌粲蓮花？一旦你傻傻點頭，投入資源……「絕對賺」的是他，絕對不是你。

專心做好一件事，就是開心事。

不跟

不少商家在醞釀要漲價，朋友問我會不會跟進。

這是個好問題。答案是「不會」。但不是我不想漲，而是我老娘曾經有交代過……

生意人要好心一點

幾年前，公司在賣「黑滷」這產品，而且是超熱賣，使用到大量的豬肉。

當時有一陣子，豬肉價格不知道在漲什麼開心的，天天漲、月月貴，幾乎到了快要翻倍的程度。廠商當然立刻通知我要調整進價。如果我沒跟著調漲，賣出去的每一包全部都篤定是賠錢在賣——賣愈多，賠愈多，超high。

有一天回家吃飯時，跟老娘聊到我打算將黑滷售價調漲這事兒。老娘聽完，挑了一下眉。

娘：「你其他的產品會賠錢嗎？」

寶：「不會啊！只有這樣沒跟著調就會賠。」

娘：「豬肉還會漲多久？」

寶：「鬼知道。」

娘：「也有可能會回檔跌價對不對？」

寶：「是啊。」

娘：「既然原料價格時漲時跌，那你好心一點，價格暫時別調吧！一旦調上去就回不來了。最多就是賠一陣子，真不行再打算吧！大家的生活壓力都不小呀！」

寶：「可是我會賠錢耶……」

娘：「砚！講得好像公司已經倒了一樣。」（斜眼～）

寶：「好啦好啦！我想想啦……」

娘：「別忘記你整體是賺錢的。生意人要好心一點，很多買東西的人生活辛苦，是必須要計較這五塊、十塊的。」

有時賺少一點，有時賺多一點

老娘的邏輯其實不符合生意原則。但就這樣，我也不知道為什麼要聽她的，也許是她那句「生意人要好心一點」說動了我。

印象中，後來黑滷又賣了幾千包，我就毫無意外地賠了好一陣子。每一次看到有人下單，我的小心肝就抖一下。但上帝很恩待，其他的產品有穩定獲利，也就過得去了。

往後這幾年，我在經營上有個不成文的慣例：產品的價格一旦訂下就是訂下了，不管原物料的價格怎麼波動，我都不跟著動，反正就是有時賺少一點，有時賺多一點。漲價這流行，寶寶就定心不跟了。

每一樣好東西的出現，絕不是睡一覺起來就有，背後的風險與成本不見得人人扛得起。

很多東西是投機不來的。

我帥，我扛。

當個有溫度的人

下樓要去洗車店牽回車子，突然瞥見路邊有一輛門敞開的物流宅配貨車。我看了看手錶——臥槽！晚上九點半了；再抬頭看看車廂——哇操！還有三分之二車的貨。

司機面無表情地拖著一堆貨，走進我們社區的警衛處，經過他身旁時，我對他說了句：「這麼晚，辛苦了。」他抬頭看了我一眼，笑了，接著繼續往前走。

在這個寒流夜，還有一小部分的人正在超時工作，幫大部分的人送貨到家。如果您的貨晚個一、兩天到，真的不是這一小部分人故意延遲的，不信，您自己來送送看這一車。

收到貨之後，笑著說句「謝謝你」吧！

當個有溫度的人。

那年，最後一天的禮物

傍晚時，接到一通未顯示號碼的來電，來電者是一位媽媽。

對方：「寶爺，我可以要一下您的匯款帳號嗎？」

帥寶：「可以啊！但您是哪一位？」

對方：「嗯……因為我欠你錢，應該說我去年騙過你。今年一整年，我一直記在心上，心裡非常不安。我想趕快把錢還你。」

帥寶：「方便問一下您是怎麼騙我的嗎？因為我完全沒感覺被騙，搞不好只是誤會。」

這位媽媽告訴了我那一段有點長的過程……

那年，最後一天的禮物

單親媽媽的揪心告解

去年在你的網站上下訂單，假如是選擇ATM付款，只要匯完款之後把帳號的後五碼傳簡訊給你，你對帳後沒問題了，就會出貨。

那時已經十二月了，我剛和我老公離婚，帶著小孩搬出來。付完房租後，身上一毛不剩，剛找到的新工作還要兩週才會發薪水。眼看再過幾天，小孩就快要跟我一起餓肚子了，於是我跑去你的網站下單，買了不少水餃和滷汁，總金額大約三千多塊。出貨日當天，我傳了訊息跟你說我忘了去匯款，但因為隔天我急著要用這些東西，可不可以請你先幫忙出貨，我會趕快把款項匯給你。

當下你很爽快地答應了，我隔天也真的收到整箱的水餃和滷汁。那一個禮拜，我和小孩就靠那一箱度過了。

隔週的出貨日，我故技重施，打了電話給你，跟你說我還急需一箱跟上週一模一樣的東西，但上次因為太忙，忘了匯款，所以可不可以連這次一起匯。

你在電話裡遲疑了一下，但很意外地，你還是答應了我。

隔天，我真的如期收到了貨，又和小孩撐過了一個禮拜。

到了發薪日，我本來想趕快把錢匯給你，但算了一下，錢真的非常緊，萬一把這六千多塊匯給你，我和小孩到了下個月又會沒飯吃，連出門坐公車都成問題。於是我打算繼續裝傻，等到你來催款時，再想理由緩一緩……

隔了幾天，你傳了一封很客氣的詢問簡訊給我，提醒我是不是忘了匯款。我裝作沒看到，也沒有回你。

結果你可能因為忙到忘記了，沒有再跟我聯絡追這筆款項，我也就繼續裝傻……

後來，我每天忙著上班，等新工作穩定後，又找了第二份工作兼差。我和小孩的生活逐漸穩定，一直到前陣子，總算開始有了一些錢可以存下來。最近存夠了一萬二，我想說現在就還你雙倍，當作是我當初騙你的道歉。

這一年來，我還是每天都會看你的ＦＢ，每天都被你的發文逗得好開心到入睡，但心裡總是感覺不安……

也許你根本不記得這件事了，也不知道我是誰。但我真的希望你能原諒我，給我匯款帳號，讓我把這個虧欠做個了結……

而且……不要追問我是誰，好不好？

隔著電話聽完她的敘述後，我笑了笑，告訴她：「好，我不追問您是誰。知道您跟孩子現在可以生活就很棒了。

「另外，這筆錢是去年的事，我已經把它忘在去年，您今年也別還給我了。如果您堅持要還，就把這筆錢匯給花蓮的門諾醫院吧！那邊有很多比去年的您更辛苦的人可以得到您的幫助。萬一您匯給我，我知道您的帳號之後，怕自己會派省港奇兵、飛虎隊或大圈仔根據這線索去追殺您。去年我是聖誕老人送您禮物，今年換您當聖誕老人送別人禮物，這樣好不好？」

「好，我會照你說的，把這筆錢匯給門諾醫院。」這位媽媽很確定地答應了我。

把日子過好，就好

這位媽媽：

其實我完全記得您是誰，也記得這件事。

而且，當時我完全知道您並沒有說實話，因為我是那麼的冰雪聰明又有著極度姣好的外貌。我還記得當初電話裡的您，口氣根本充滿了緊張與羞愧。您是個非常不會唬爛的人，一點慧根都沒有。

在那通電話中，我之所以沒有當場戳破您，也願意再寄第二箱貨給您的原因很簡單，只

因為我相信會第二次為了一箱三千多塊的東西而硬著頭皮、厚著臉皮、沒刮腳皮打來，用超爛的理由唬爛帥氣又聰明的我，肯定是有著萬分的不得已……

我當時在電話裡遲疑了一下，就是在想這件事。

最後讓我做決定的是《聖經》裡的一段經文：「這些事你們既作在我這弟兄中一個最小的身上、就是作在我身上了。」

所以後來您沒回我簡訊，我也就沒有特別追下去了。

想不到一年之後，證明我是對的（扭腰甩瀏海）。

總之，很高興聽到您和孩子現在過得還可以，也很榮幸在去年供應了你們兩個禮拜的飲食。

今日是今年的最後一天，我一樣會把您今天告訴我的事情留在今年。從明年開始，我還是打算繼續當個只有姣好外貌的無腦帥哥。

咱們都把日子過好，過下去吧！

我接受您的道歉，內心充滿喜悅地接受這份禮物。

這次，別忘了去匯款給門諾醫院，呵呵科科啾咪！

免付費電話

友：「寶爺，你為什麼要設免付費的客服電話？那又是一筆支出耶！」

寶：「有些人在經濟上不見得那麼方便，連電話費也必須嚴格控制，才不會影響生活，或者用易付卡，卡裡面不見得隨時有餘額可用。有了免付費電話，可以讓這些人放心地打來，慢慢地把話說清楚，這是身為一個外貌極度姣好的生意人該注意到的小事兒。」

友：「萬一對方打來講廢話呢？」

寶：「那就是我的現世報了。我平時的廢話也很多。」

友：「你不怕賠死喔？」

寶：「我還沒聽過有公司倒閉是因為免付費電話的。如果能當第一個，也算帥氣了。」

出來做生意，有些事情別算太精，自己和別人都會快樂些～啾咪！

溫度的延續

收到一張由許多便條紙組成的卡片，是過年時，公司招待年菜組給一些特別機構的小朋友，他們寫回來的致謝留言。其中有三張讓我看完很有感覺，頭兩張還令我小小淚崩了一下……

年菜組的牛肉和蟹肉這兩樣平凡無奇的食物，卻能換得一個孩子給我笑臉。看他寫的語氣和手畫的符號，我幻想他是一個皮皮的小男生，一臉滿足。

最後一張非常可愛，他祝福我「百病不侵」，讓我在最後很開心地笑了……XDDD

好久好久以前，我那位個性非常機歪的老娘對我說過：「如果要奉獻東西給有需要的辛苦人，那麼你就要盡力拿出你自己也會滿意的東西，你可以選擇不給，也好過施捨。」

這就是我在執行這件事情的時候所秉持的想法。公司的年菜怎麼出貨，就一樣不少

溫度的延續

地供應給他們。果然，收受的人是會清楚感覺到的。

每個人天生都需要原生家庭供應愛，偏偏這些特別機構的孩子們，在家庭功能的感受上比一般孩子缺乏。所以對他們來說，即使是一些來自於陌生人的零星的愛，也許都能夠讓他們得嘗片刻的溫暖，甚至覺得：這就是「有家的溫暖」。

希望這些孩子能夠記住這樣的感受，繼續加油。我也會記住他們回贈給我的快樂。

今年我會更努力斂財，每年都讓他們吃好料，讓這溫度一年一年地延續，總有一天，換他們發光、發熱！

我想我這輩子留不下什麼豐功偉業，也成就不了什麼驚天動地的紀錄。但我可以在某個人的生命歷程中，留下一點快樂的片斷……那麼，值了。

04

把日子過下去

關於未來，誰知道會怎麼樣？

「傻傻過下去」並不只是一種消極的狀態，反而蘊含著豐富的堅強意志。

上班

有個去年剛出社會的二十七歲上班族跟我聊到：「寶爺，我現在上班上得好煩。你以前上班上了十幾年，到底賺到了什麼？」

我想了想，決定這樣試著說明：出社會工作，在職場上表現多好、能賺到多少錢是一回事，能交到多少好朋友，才是真正的功課與價值。

離開公司之後，帶不走職位，帶不走權力，帶不走任何一段輝煌，也帶不走任何一圈光環。但，可以帶走很多自己與他人互動的美好記憶，並且憑恃著這份美好記憶，在長遠未來的任何一個時間節點上，都能與這些好朋友隨時隨地誠摯交談，真心歡笑，就像呼吸一樣自然。

我說的價值不是「人脈」，我說的是「人」，起心動念和重量都很不一樣。

加班

將近午夜，捷運開到了台北車站，兩個上班族打扮的年輕人上了車，坐在我身邊，聊著「下班時間」。

A：「今天難得我下班時還有捷運。」

B：「我也是。幸好今天主管有事提早下班，我們部門也能早點走，我才能遇到你。」

接下來，兩人不斷提到自己的工作如何如何操，自己又是如何如何晚下班，彷彿一樁樁不合理的加班紀錄就是一枚枚榮耀勳章。當然，都沒有加班費，因為是「責任制」。

瞄了一眼他們的識別證，都是所謂的「名牌大公司」。

加班，有多「不得已」？

這種名牌大公司我待過，他們的心情我也了解，會這麼晚下班，通常是因為幾種「不得已」：

一、同部門的同事們都還沒走，我不好意思走，不得已。

二、主管還沒走，我要是早早下班感覺很白目，不得已。

三、事情做不完，不得已。

四、公司是責任制，不得已。

五、為了年終獎金多一點，不得已。

來！聽寶寶一一告訴您：

一、人家不走，真的一點都不干您的事。有些人加班只是例行性表演，您何必傻傻跟著演。

二、相信我，主管也很想走，只是看到您們死撐著不走，他也不好意思走。

三、事情是永遠做不完的。

四、責任制？上班時間是打卡制，下班時間就變成了責任制，您看出其中差異了嗎？

五、放心，老闆對年終獎金早就心裡有底了，只有身邊的走狗和鷹犬會領得多一點，其他的不管您認不認真，上下差不了多少錢啦。

好好過好下班之後的生活

所謂的不得已，說穿了根本就是您自己想裝認真，想表演、求表現，不要扯什麼不得已。

還有些人喜歡動不動就把加班拿出來說嘴。我是不覺得加班加多了會變得多厲害，頂多說明了您浪費很多寶貴青春還沒換到報酬而已，有什麼好驕傲的。

加班加到三更半夜就是認真，這更是一種詭異的價值觀。只要您堅持時間到就下班，沒人可以擋得了您。大家都堅持守住「準時下班」這個原則，別人才會開始尊重您下班的權利。不加班就會被找麻煩或丟掉工作？這種工作您若珍惜，最後就是沒人會珍惜您的生活。

別表演加班了吧！好好過好下班之後的生活。

每年十月以後的董事長

董事長：「各位，又到了填寫ＫＰＩ（關鍵績效指標）的時間囉！」

真相：「作文時間到，唬爛沒人相信，不唬爛第一個砍你，自己看著辦。」

董事長：「又到年末了（後略開場三萬字）……請大家與公司共體時艱（後略結尾五萬字）……」

真相：「反正就是要你共體時艱。」

董事長：「公司年底會有一波組織調整。」

真相：「硍！得罪過我的人死定了。」

每年十月以後的董事長

董事長：「我們不是裁員，我們是要精簡組織，淘汰不適任的人力。」

真相：「淘汰資深肝臟後，職缺於隔週大量釋出，人資全力招募新鮮肝臟。」

董事長：「年底有部分同仁會依單位的需求調任至分公司，繼續為集團效力。」

真相：「蘇武牧羊北海邊，雪地又冰天……預備備～唱！」

董事長：「公司年底一向很敢給……」

真相：「……給你死。」

董事長：「尾牙的第　大獎抽汽車，現金百萬，人人有獎。」

真相：「有參賽權的『人人』僅限高層、鷹犬、弄臣及紅人。」

董事長：「公司明年絕不虧待大家！」

真相：「但董事長會。」

董事長：「董事長明年絕不虧待大家！」

真相：「但董娘會。」

董事長：「我相信公司裡的每個人都很努力。」

真相：「『每個人』陸續走了……」

董事長：「我希望能直接聽到大家對公司的建議。」

真相：「只能建議喔……而且用詞和語氣請務必小心，以免遭遇不測。」

董事長：「我們公司的體質不比人家差。」

真相：「比人家差的是薪水。」

奉勸各位上班族，特別是在上市、上櫃大公司服務的朋友們，一定要好好相信董事長說的話！

但絕對不可以相信他的人。

傻傻過下去

家裡在鋪木地板，來上工的是三位二十幾歲的年輕師傅。三個人一邊專注地工作，一邊聊天。我窩在房間裡邊安靜地做事，邊聽他們談論著工作、生活、朋友、馬子、機車、家庭和未來，有欠缺，也有滿足，有憂慮，也有歡喜。

這些內容聽來真熟悉呀！怎麼會這樣？

哈哈！原來他們正關心的一切，也是我從前關心過的一切。

其中有一個師傅談到最近遇到的困難時，說：「也不知道接下來會怎麼樣，只能先傻傻地工作，把日子過下去就對了。」

Bingo！「傻傻地過下去」，我喜歡這個超棒的答案！

關於未來，誰知道會怎麼樣？明天一覺醒過來，搞不好外星人真的就攻占地球了，搞

不好我的偉大將軍金正恩真的統一全世界了，搞不好王菲或許慧欣真的跟我求婚了……

「傻傻過下去」並不只是一種消極的狀態，反而在另一層面蘊含著豐富的堅強意志。我們長大的過程，其實就是不斷ＧＧ的過程，但ＧＧ只是幾個瞬間的人生片斷，絕不會是全部！

認真的男人，真帥！

每回看到一堆不工作又沒貢獻，只會成天在那邊抱怨生活ＧＧ的傢伙，我都好想告訴他們：「你就繼續ＧＧ吧！躺好別動，繼續抱怨，大家很快就會忘掉你的，別擔心，啾咪！」

看著三位年輕小師傅認真工作的背影，我相信他們將來都會過得很好，不會被ＧＧ給擊垮，因為他們都是認真的人，願意傻傻過下去的人。更重要的是在施工期間，他們幾次和我溝通講話的過程，讓我感覺到非常有禮貌，進退十分得宜，實在是棒透了！

真心感謝這三位小兄弟的認真，還有一個下午要敲敲打打地繼續幹活。

三個不會ＧＧ的帥男人，讚！

隨遇

這是午餐時間，天氣相當舒適，甚至有點溫暖。

走往高鐵站的路上，路邊有幾個身穿工地反光條衣、腰掛工具袋，穿著工作鞋及鬆垮的工作褲，指縫間及髮絲間都沾滿了白色泥灰的工人，或坐或蹲地在路邊悠閒地喝著啤酒，有說有笑地聊著大。身旁是吃完的便當，橡皮筋綑著用過的筷子，收得整整齊齊。

經過時，我忍不住多看了好幾眼。

在遇到這幾個人之前，因為是中午吃飯、休息時間，有許多衣著入時、髻髮梳得油亮整齊的上班族，在路上穿梭如流。至少幾百人和我擦肩而過，不過幾分鐘的時間。

從我眼前經過的絕大部分腳步都是沒有表情的急促，有些人緊蹙著眉頭若有所思，

有些人則是木然地蒼白。

我抬起頭，試圖尋找那操偶的細線與木十字，和那雙巨大的手。

我幹過幾年做粗活的黑手，也當過十幾年西裝筆挺的上班族。

同樣是一罐啤酒……

當黑手時，一邊做著粗活一邊喝，為的是大量勞動後，消暑解渴的暢快。下班回家後，再扒飯，洗澡，睡大覺。

當上班族時，一杯杯乾著卻是因為白天的壓力與苦澀。隔天的喉間，前一夜苦澀的酒氣餘韻猶存。

甜苦隨心。

我轉了個身，走進便利商店買了罐啤酒，用手指扳起拉環，仔細聽著氣體噴出的嘶嘶聲，那是我當黑手做粗工時喜歡的天籟聲響。

拎著啤酒，慢慢走過往車站的十字路口。陽光甚好，啤酒甚甜。

體面是來自氣質，不是因為穿著或工作的性質。

人生其實不需要那麼多所謂的體面，心情安適，腳步就會安穩。

女人，出門工作吧！

朋友剛生完小孩，跟我聊到該不該回去上班的話題。

我主張女人結完婚當太太或生完小孩當媽媽之後，要盡可能地立刻回到職場，原因有兩大點。

為了經濟尊嚴

除非您是打定一旦結婚就待在家裡當全職主婦，生完小孩當全職媽媽，而且「老公有能力供應經濟無虞的生活」，那就沒啥好說。否則，能自己賺得一份薪水，不管多少，都是真金白銀，至少不必看老公的臉色拿錢，搞到省吃儉用是理所當然，想買點自

己喜歡的東西要被囉哩八嗦，說不定還被明示暗示只是個不事生產的吃貨。

至於有些說想要自己帶小孩省保母費的……這就很匪夷所思了。帶白天的保母費一個月頂多一萬多塊，您就算只賺兩萬二，隨便也能剩下個一萬塊爽爽花。給人家帶二十四小時要兩、三萬？誰叫您要給人家帶二十四小時？晚上拎回家自己帶，頂多辛苦一陣子就習慣了，又省錢，又能促進親子關係，why not?

伸手自己賺，永遠強過伸手要別人賺的。

為了生活樂趣

出門工作，可以暫時離開家務的枯燥、孩子的吵鬧，還能保有和這個社會脈動的多樣聯繫。接受快速輪動的知識，摸魚聊八卦的下午茶時光，不定時和同事的聚會瞎搞，都是除了金錢之外的無價收穫。

很多女人每天在家打扮得漂漂亮亮，跟小孩擺各種姿勢拍照，花時間修圖後上傳。看似優閒，其實只有在按下快門的一瞬間看起來好命；鏡頭之外，很多也只是個整天瞎混的美麗黃臉婆罷了。

工作雖然會帶來許多疲勞紛擾，但也是讓人保持進步與活力的絕佳良方。

成天鎖在家裡，只會讓您愈來愈常找小孩和老公的麻煩，或者成天跟一堆媽媽社團的人抱怨東、抱怨西。其實您在大肆抱怨的，常常只是枝微末節的小事，因為您的「視界」僅止於此。

生活的樂趣通常是來自於對外擴張，而不是向內限縮。

你是重要的！

結婚、生小孩是女人的另一個生活開端，我真的很不建議讓這兩件事變成女人的全職工作，因為很有可能會演變成對一個女人生活的慢性扼殺。

男人少加班、喝酒和應酬。其實很多時候，男人去做這些事並不是因為「必要」，而是潛意識中對家庭工作的逃避。

藉著經濟上的優勢，要求女人限縮生活於家庭，其實不是一件很風光的事情，相反地，只是反映出男人心中的懶惰與膽怯罷了。

男人多花點時間在家裡，和女人彼此分擔家務，絕對無損尊嚴，反而會贏得老婆跟小孩加倍地接近與尊敬，絕對是件CP值破表的好差事兒。

萬一有一天山窮水盡，至少陪在身邊的家人一個都不會跑，因為您曾經為這個家付

出過感情，而不只是扮演一部提款機的角色。

結論：

女人，出門工作吧！

世界和平的任務有一半就交給你們了。你們其實跟美國隊長一樣厲害、一樣重要，

別埋沒自己了！

感恩教主，讚嘆法王！

啾咪！

人生是一連串很有趣的排列組合，玩到底，就會精采。

輸贏就在這裡

以前幹業務時，有個上管一再地告誡我們部門內的同仁，大概告誡了有上萬次。

「案子出trouble時，在跟客人開始溝通的過程中，有三句話是絕對的大忌……」

「我不知道原因耶……」

【原因】這句話是廢話，有時間說廢話，還不趕快先打通電話回公司搞清楚發生什麼狀況。難不成要客人幫你問？

「我沒辦法做主喔……」

【原因】這句話更是廢話，出狀況時，客人要知道的是怎麼解決，而不是知道你沒辦法解決。

「這又不是我的錯……」

【原因】這句話是廢話中的廢話！會講出這句話的業務基本上跟一塊叉燒沒兩樣。

我很感謝那位主管，他的告誡，讓從我當員工到當老闆都十分受用，時時警惕。銷售話術，每個人都會說；但解決之道，不是每個人都端得出來。輸贏就在這裡。各行各業、各個職位都適用。

長得好不好看是天生，沒得選也不必強求。
活得帥不帥氣則是一種寬廣深闊的心念，
從接納自己內外一切的不足開始。

業務

以前幹電子零件小業務的時候，曾經遇過一位客人三不五時就來問東問西，但兩年過去了，他從沒向我下過一張訂單，只有零星要過幾次樣品，卻也都沒有後續。我就這樣足足跟他和他公司的研發工程師們以及採購，當了兩年的朋友。

我每個星期打一次電話，每個月至少跑他們公司一趟。一有新產品的資訊，立刻mail給他。期間，被對方掛過不少次電話，也常常隨便被打發走。同樣一個問題，他可能會問個好幾次。

兩年之後的某一天，他突然開始下少量訂單。半年之後，這家公司成了對我的業績貢獻最大的客戶——這是我當業務時學到的第一課，也是最重要的一課，花了兩年。

我也才懂得主管那時跟我說的：「沒生意就當朋友，總有一天輪到你。撐下去，找機會，這是當業務的本分。」

直到如今，我和許多以前的客人們仍然保持聯絡，是隨時可以談天說地的朋友。

很多生意不是沒機會，純粹是時機問題；而時機，有時要等。

您可以花時間經營一副好牌，也可以一直換桌等好牌。兩種方式都沒什麼不好，純粹是個人選擇而已。

人生就是一個不斷妥協的過程；心態要硬，出手要軟。

很多事情，我是如此。

比服務再多一點點

有一天和賤內小葳去參加婚禮，典禮進行到一半的時候，小葳突然喊腳痛，原來是不常穿的那雙鞋在磨腳。

由於還有大半天的時間，婚禮才會結束，若再繼續硬穿下去，腳肯定會磨出水泡，於是我們決定臨時去餐廳樓下的鞋店買一雙新鞋應急。好笑的是，一個多小時以前，我也才剛去同一家店買了一條皮帶應急。

很快地挑選、完成試穿之後，我們到了櫃檯結帳，準備回去婚禮現場。小葳告訴店員：「麻煩您幫我把舊鞋裝起來，這雙新鞋我要直接穿。」

「好的。另外，由於先生剛剛才來買了一條皮帶，我就把這雙鞋子的結帳金額跟剛才的皮帶合併計算，這樣一來，這雙鞋就可以有折扣了。」店員妹妹告訴我們。

我說：「太感動了，謝謝您！」（貪小便宜笑ing。）

這時，店員妹妹問了一句，「請問你們是要去樓上的餐廳參加婚禮嗎？」

「是呀。」我們回答。

「那你們要不要把舊鞋先放在這裡呢？等你們吃完喜酒再來取回，這樣就不用提來提去怕弄丟了。」她提出了這樣貼心的建議。

「好啊。太感謝您了！」我們毫不思索就答應了，因為這個提議確實解決了我們一個可能的麻煩。

就這樣，小葳穿著新鞋，我們兩手空空，輕鬆地繼續回到婚禮會場忙碌。

對我們來說，這是一次很棒的購物經驗，因為這個店員除了購物流程的服務之外，她另外多了一分貼心，多問了一句，願意主動為客人多做一點點。

如果今天這個要求是我和小葳自己提出來的，不管店家答不答應，在「心意」的程度上就和此刻有些差距了。正因為她的這個小貼心，成就了我們雙手空空的一個自在午後。

店員妹妹，謝謝您囉。您真棒！因為對您貼心的好印象，我們會繼續常常光顧的～啾咪！

比服務再多一點點，就是「貼心」。

石化女孩

天天背，背了兩年的隨身小包包突然無預警地癱軟加脫線辭世。我只好臨時跑去附近的同一個包包品牌專賣店裡找替代品。

我一進門就到處東看西看，最後鎖定了幾款順眼的，多看了幾下。

突然我發現，有個女生一直靜靜地站在旁邊往我這邊看，從頭到尾動也不動，一語不發。但我很確定那眼神不是腦粉，不是愛慕，更不是覬覦我極俊俏的外表或新鮮令人垂涎的肉體……

既然都不是，那她就是店員無誤。

我又看了好一會，她繼續在旁邊保持石化狀態。終於，我開口問：「可以看一下這兩款嗎？」因為有鍊子綁著。

石化女孩

接下來，又是一段沉默，我看我的，她仍然石化她的。

最後我決定了目標，拿出錢包結帳，她的眼睛盯著收銀機，面無表情地，像誦經一樣誦著她應該早已重複千百次的保固規定。

結完帳，我走人。

騎車回家的路上，原先覺得有點被冷落的我突然很心疼這些服務業的店員們。他們每天賣著一成不變的東西，重複一樣的話，還要面對一大堆各式各樣的客人問一堆白痴問題。

也許當天心情不好，也許當大人不舒服，也許剛被主管K完……但為了生活，還是得繼續站櫃。

如果今天走進來的是王力宏或劉德華，「石化女孩」的心情一定會好很多，熱情也比較有原動力。可偏偏今天進門的是個檳榔禿大叔（雖然號稱「板橋金城武」），如果我是「石化女孩」，我可能也不會太熱情地主動介紹吧！

話說，我是不是下次該考慮換家店買包包了？……

判斷

有人問我，「寶爺，你都怎麼判斷一個人的虛實？」

這是個非常有趣的問題，可以好好討論。

A先生與B先生

曾經有兩個朋友這樣自我介紹——

A：「我是設計師，做室內設計。我接過不少大案子，像××百貨、○○公司都是我做過的。」

B：「我平常就接一些小工程做，跟幾個師傅在工地忙，定期安撫業主，騙口飯吃。」

再仔細觀察——

A先生全身趴哩趴哩的名牌行頭、文創配件，開口閉口就是設計、藝術和創作。雖然仔細聽他講話的內容，就會知道他只是在瞎扯淡，鬼打牆，但以此形象也把到不少馬子為他死心塌地，即使他口袋裡永遠空空如也。

B先生永遠就是簡單的T恤、便褲，但說起話、做起事就是不慍不火，井井有條，讓人有十足的安全感，肚子裡有料也不大聲，口袋裡有錢也不招搖，把家庭顧得好好的。

不久之後，我終於知道——

A先生其實是個在做角鋼貨架的監工，專門接一些倉庫、倉儲的貨架案子，跟公司領一份薪水過日子。

B先生是個室內設計師，是一家室內設計公司的老闆，做的都是很有質感的大大小小室內設計案，作品也經常登上媒體，甚至獲獎，在業界的名聲斐然。

「眼神」與「氣質」最誠實

一路走來，這兩種類型的人不斷出現在我的生活周遭，特別是在遞名片的時候，我總能觀察到對方眼神中的微妙情緒，還有「態度」。

說真的，什麼「坎站」的人就會有什麼樣的氣質與氣勢，騙不了人的。隨意聊上幾句，這人有幾兩幾斤重，更是無所遁形。能騙到的，只有個性單純或涉世未深的人。所以每次當雙手接過對方的名片時，我根本懶得看對方名片上的抬頭是副理、經理，還是副總、董事長。我都會好好地看著對方的眼睛，聊上幾句，聽聽他的用字遣詞，看看他的表情、手勢。

名片印一大盒只要幾十塊，但「眼神」與「氣質」這兩樣東西是騙不了人的。

就像用自拍神器或特效軟體拍出來的網帥、網美，照片裡完美無瑕又白皙的橡皮塑膠膚質，有多少真實性？發文裡說的大道理，有多少真的是他們肚子裡的料？

就我朋友的經驗（我只是聽朋友說的），看到真人之後，朋友通常都要花個三、五十秒先整理受到過度驚嚇的情緒，接著再鎮定地唬爛，「你本人跟照片差不多耶！而且本人更有味道……」（表情僵硬ing。）

至於談吐更不用多說了，不就是人生嘛……

簡單來說，是「設計師」還是「設計屍」，聽起來一樣，但觀察過後就是不同。

以上純屬個人意見，絕無影射之意，若有雷同……那就雷同。

哇！博士！

半夜兩點半，一位正在念碩士二年級的小男生傳訊向我訴苦。

男：「寶爺，我在掙扎該不該念電機博士。」

寶：「電機博士，聽起來很棒啊！您對學術很有熱情？」

男：「一點都沒有，只是因為我想讓自己更專業。」

寶：「您想要更專業的目的是……？」

男：「用專業尬過大部分的人，然後賺很多錢。」

寶：「哇嗚～～有野心！」

男：「我念書念了快三十年，就是希望一出手就不同凡響。」

寶：「您有沒有打工過或正式工作過？」

男：「從來沒有，我很專心地念書培養專業。」

寶：「真的很專心……」

男：「寶爺，專業是最重要的東西吧？」

寶：「就您最想要的賺錢來說……如果我告訴您，專業並不是最重要的東西，您會不會很失落？」

男：「為什麼？專業才能談到高薪，不是嗎？」

寶：「博士新鮮人的高薪，在我聽過的數字，大概就是比大學畢業新鮮人的三萬起薪（假設）多個兩、三萬。」

男：「至少起薪比大學新鮮人多了快兩倍。」

寶：「別忘記，大學畢業新鮮人比您年輕七歲。當他累積了七年工作經驗，到了您這歲數，他已經是老鳥，薪水可能又比您多個兩、三萬，而且他可能是批准您假單的主管。」

男：「我還是可以用專業知識尬過主管及大部分的同事。」

寶：「您的專業知識或許可以尬過九成的人，但這九成的人在職場叢林求生的常識可能完全不輸您喔！誰被誰尬，真的很難說。」

男：「博士到底能幹麼？」

寶：「什麼都能做啊！就我認識的幾個博士，教書的教書，想辦法混個公務員，待

哇！博士！

研究室的待研究室，也有幾個去民間公司工作了幾十年，當上副總或總經理，而他們的董事長則從國中到碩士不等……對了，聽說還有一個去賣雞排了，新聞有報過。還有一個女博士在等美國中情局局長祕密開戰鬥機來迎娶她，新聞也有報。」

男：「你是不是打從心底覺得博士學位沒價值？」

寶：「您怎麼會問一個只有國中學歷的人有關博士這個於我陌生的領域呢？確實，對我來說，博士學位並沒有幫助過我的人生啊。」

男：「看來我問錯人了。」

寶：「我可以罵您髒話嗎？」

相信我，常識絕對比專業知識更重要，因為有常識的人不會找錯對象，問錯問題。

共勉之。

心態夠漂亮的人，就不會擔心外表不夠漂亮，這種漂亮才可長可久。

千萬別讓快樂被多餘的自尊心吃掉了。

鄰居無極限

回家時，樓下的鄰居太太在罵念國二的兒子。他平時是個有禮貌又乖巧的好孩子，因為認識，所以我忍不住過去關心一下，想打個圓場——喔喔，原來是作業不會寫，所以都沒寫，被老師寫了聯絡簿，因此鄰居太太氣急敗壞。

我問了一下小男生，原來是數學的因式分解、英文的過去式文法、理化的壓力與浮力觀念，讓他卡住了。

由於我是一個外貌極度姣好又有著高度慈悲心的鄰居大哥哥，所以就自告奮勇，花了半小時，把作業裡的那些問題一題一題地帶著他做，一邊還講解，最後又帶著他把英文課文念了幾遍，糾正了一下他的發音。

搞定後，鄰居太太一臉驚訝又不解地說：「梁先生，你好厲害喔！為什麼你都會？」

「小事啦，剛好以前學過，又剛好沒忘掉而已。」我甩了甩瀏海，一派輕鬆地說。

鄰居太太：「偷偷告訴你，我之前還和我老公講到你，我們在猜你是做什麼的。我老公看你每天都短褲、拖鞋，抽著菸、咬著檳榔，騎車進進出出，還想說你應該是修水電或是送貨的……啊你到底是在做什麼工作？」

寶：「呵呵！沒錯啊，我就是送貨的，專門送吃的。」

鄰居太太：「送貨的怎麼這麼會念書？很少見捏。」

寶：「我剛好就是那個比較會念書的送貨員。」

鄰居太太：「你看啦，你這麼會念書，都還只能送貨，像我兒子現在書就念得亂七八糟，以後連送貨的工作都找不到怎麼辦……」

寶：「厚！這就注定你兒子將來是當老闆的料。別擔心了，不要從國中就開始替他擔心工作啦！好了，我要去送貨了，掰～」

鄰居太太目送我離開，我想她的心情一定很複雜吧！

變，不變，變

經過台北工專，在校門前駐足了一會兒。正要離開時，看見一個熟悉的身影走過——那是我五專三年級時的老師，也就是我被退學那一年的老師。

我還清楚記得，那時，他在電話裡語帶哽咽地告訴我，「嘉銘，別放棄自己好嗎？我去向其他老師求情，會給你成績讓你繼續念下去的。如果你現在放棄了，未來怎麼辦？」

那個學期，期末考我連考都沒去考，注定被退學。

「老師，真的不用了，謝謝你。」說完，我就掛上了電話。

對於他，我的心裡始終存著一分感謝，因為他的願意關心。

本來想走過去拍拍他的肩膀，告訴他，「老師，我現在很好，真的很好。」最後我卻步了，因為心裡還是有著一分虧欠，純粹對他。

如果我當初沒放棄，硬撐下去，我的人生一定完全不同。至少我不會辜負家人和老師對我的期待，走的也是一條相對安全的路。

但那時候我很清楚，如果我留下來和那些自己壓根兒沒興趣的知識搏鬥，只會多混三年甚至更久才畢業（也或許畢不了業），所以即使當時前途茫茫，我依然選擇漂流——那是讓許多人擔心、失望的一個選擇，卻是一段只屬於我自己的奇幻漂流，其他人沒辦法參與、理解的荒唐過程。

我在心中告訴老師，「老師，您當初所為我憂慮的未來，也就是現在，並沒有想像中那麼灰色。照在您身上的陽光，也一樣照在我身上，一樣溫暖。我很好，也祝福您一切都好。」

不管校門上的學校名稱怎麼變，這裡對我來說永遠都是台北工專ＮＴＩＴ。

我對老師的感謝，也是如此。

我始終相信：很多事情都是這樣，現在的不好，都是為了將來的美好。

PART 3

對生活投入

只看眼前是痛苦的，享受獨特是痛快的。

01

周而復始地循環，累積出我們的一生

每一個問號之後，都會跟著一個決定；每一個決定之後，都會有一個後果。

學習對一些期待放手，讓別人可以走得更遠。

提醒自己對來自於別人的期待寬心，讓自己可以飛得更高。

夠高，夠遠，世界才會夠大。

期待

每個人終其一生都脫不了「期待」與「被期待」；即使全世界只剩下自己，還是逃脫不了自己對自己的期待。

既然此生無法逃脫，我今天就想談談「期待」這件事，從一個（我稍加改編的）真實故事開始。

從她和他的故事說起……

男人才氣縱橫，上帝給了他極高的天分，只是玩票性質的他在相關的領域中要風得風，要雨得雨。只要他一出手，大小比賽的相關獎項幾乎都是信手拈來，毫不費力。他

期待

的存在所散發出的耀眼會讓人不禁質疑：上帝真的是公平的嗎？

女人認真執著，上帝給了她許多熱情，還有巨大的能量。她和男人在相關的專業領域中，為各自的人生奮鬥著。她更因為獨具慧眼，加上努力、不放棄，而創下了一項國內業界可能數十年都難以有人超越的高度障礙。

兩人相識、相戀，進而結為連理。外界看來，兩人相知相惜，又能在專業上相互扶持加分，說是神仙美眷絕不為過。

有一天，男人說：「我想要辭職，專心地完成一些作品。」

女人告訴他：「好，我支持你去做你想做的，我可以負擔我們的生活。」

一年，兩年，三年過去……說也奇怪，男人原先耀眼的天分突然不見了，好像天使不小心搞丟了翅膀一樣，失去了飛行的能力。創作出來的作品就是無法再次迸出耀眼的光芒，只多了這世界從不缺少的平凡。

女人的心裡有許多問號，她卻讓一切深埋在平靜的臉龐與語氣底下，繼續努力工作維持兩個人的生計，繼續當著男人背後的支撐。

有一天，男人告訴女人：「我想去鄉下養魚過生活，重新開始。」

男人的這個決定像一巴掌打在女人的臉上、心上，女人心痛至極。

兩人靜下心，在和平的狀況下決定離異，各自追尋想要的生活。男人真的靠養魚維

生。女人繼續在業界做好一個又一個案子，幫自己、幫別人完成一個又一個夢想。

他們如今還是保持聯絡，還是朋友，只是腳步往不同的方向遠去。

我們寄予他人期待，同時也被期待

聽到這個故事，是一次和女人共進午餐的時候，女人親口對我說的。

那一頓飯，我吃得很少、很慢，因為從女人瞳孔深處的情緒起伏，我也跟著飄呀飄、擺呀擺地……吃飯在當下只是一種我掩飾不安的假動作而已。

我不安於期待與被期待，這同時存在卻又各自獨立的兩件事。

男人、女人都沒逃脫，其實我也是，每個人都是。

父母期待我們長大，老師期待我們進步，朋友期待我們陪伴，伴侶期待我們扶持，仇人期待我們失敗，恩人期待我們成功，孩子期待我們給予。

若把期待的箭頭轉個向：我們期待父母呵護，我們期待老師教導，我們期待朋友相挺，我們期待伴侶依靠，我們期待仇人消失，我們期待恩人出現，我們期待孩子獨立。

每一分期待都像一條線，密密麻麻地在人與人之間、不同的時空之中交錯著，織成一張密不透風的大網，將我們每個人的一生緊緊地網住。

期待

我們所有的喜怒哀樂，都來自於期待被滿足抑或落空。

故事中，男人與女人的分與合，不就全都是因為「期待」嗎？

男人很委屈。當全世界都看見他的天分時，他想花時間創造自身天分的下一個高點，最後卻發現一切離原點其實不遠。而注視著他的是無數的雙眼，依然在等待他下一次耀眼的綻放。

他該怎麼告訴所有人，自己目前辦不到；或者，自己其實並不熱愛跟天分有關的一切，只是因為天分帶來的讚美，讓虛榮占滿了當時的自己。

女人很委屈。付出了，雖然心裡並不貪求回報，但最後男人急轉彎式地人生決定不僅浪費了他自己的天分，更讓自己只能像個一頭熱的笨蛋。幾年的無怨無悔，何苦來哉？

她希望怎麼接受男人告訴自己實話？還是讓期待無限期地繼續？自己要不要跟著男人一起在人生賭上這個急轉彎？

每一個問號之後，都會跟著一個決定；每一個決定之後，都會有一個後果。

周而復始地循環，最後累積出我們的一生。

學著放手，學會寬心

我寫下這個故事，不是想找出什麼答案，我也沒這能力。而是希望每個人拋出一些問題問自己——有關期待與被期待。

拜託，不要忙著下結論。Think more about it.

是不是有一些人正在用過多的期待影響我們？或者我們正用過多的期待，使某些人常常憂愁？

即使風吹塵揚，也有著期待與被期待的因果。

期待會是某些進步的原動力，卻也可能是桎梏。不到蓋棺之時，都很難有個定論。但我相信一切出於塵土，也必歸於塵土。

既然我們都在這世上擺盪，不妨學習對一些期待放手，讓別人可以走得更遠。提醒自己對來自於別人的期待寬心，讓自己可以飛得更高。

夠高，夠遠，世界才會夠大。

寫完這篇文章，看看時間，天快要亮了，我想站在陽台抽上幾根菸，靜靜地等著天亮，即使沒有看見期待的陽光。

膽小鬼

這是我某天聽完一個霸凌故事後寫下的。
有別人，也有自己的臉。

膽小鬼　我的外號被叫做膽小鬼　最強壯地方是雙腿
你是誰　甚至不知道你是誰　只知道你們是討厭鬼
始終無法了解　到底犯什麼罪　這樣跑給你們追
終究還是逃跑　躲到暗處淚垂　孤獨是最好安慰
膽小鬼　不管到東南西北　都擔心有人會冒出來絆倒我　扮鬼臉
你是誰　靠近多一步都會引起我的午夜夢迴　滿身汗水

*

給你追　我記得你外號叫膽小鬼　你還記不記得我是誰
很抱歉　曾經我是個討厭鬼　讓你承受不該有的卑微
突然那麼一天　親愛寶貝問我　可不可以一直陪
不想要一個人　不想當膽小鬼　不想遇見那個誰
那個誰　其實也是膽小鬼　大聲說話只因為怕沒人理會
那個誰　常常想起膽小鬼　很後悔

很多事情並非我真的不害怕。
而是我已經害怕過了，然後找到了不需要再害怕的方法。
在從容之前，我已經付出了許多害怕。

掌紋

國中時，去朋友家玩，遇到他爸媽的好朋友，是一位據說號稱「手相神算」的叔叔，從沒看走眼過，有不少高官、名人都讓他算過。

還記得那天，他把在場所有人的手相都看過了一次。看完我的右手之後，他說：「姻緣辛苦，很晚才會結婚，有可能會超過四十歲。夫妻比較會吵架。沒有小孩的緣分。三十歲之後就沒什麼做事業的機會了，但好好上班可以度日沒問題。」

反正從頭到尾就是很慘就對了，讓人超想在大腿上寫一個「慘」字。我還記得那天聽完之後，心情整天都很糟。

從此以後，我就不太喜歡我的手，總覺得被命運烙上的掌紋是一種詛咒。

前陣子聽朋友聊到去看手相的過程，他也是找一個所謂的「神算」，我突然想起這

段往事。

看了看自己四十二歲的右手，想一想二十多年前那位神算叔叔說過的話……

真是個滿嘴胡扯的王八蛋！神算?!沒一句準的，還真不容易。

我的手明明白白、短短肥肥的，可愛極了！我愛死了！

會覺得不幸福……

除了這個世界真的很糟之外，也是因為你也沒讓自己變好。

持續地怨天尤人，是最軟弱而且腐敗的抵抗，特別是成年人。

特別與獨特

有個大學生向我訴苦，「寶爺，我覺得我這個人好平凡，平凡到讓我對未來連一點盼望都沒有。你可不可以教教我，要怎樣變得特別，可以讓人家注意到我。」

這樣說好了，要讓人家注意到你，依據我個人苟活四十餘年來的觀察經驗，比較速成的方法如下。

速成法一：在總統府前脫褲子

很堅決地在總統府前脫褲子，就地方便。即使憲兵拎著已經上膛的步槍來趕人，你也要全身僵硬地堅持姿勢，直到新聞記者來拍特寫照，完成整段採訪為止。就算中途有

憲兵或警察硬要把你端走、抬走，請謹記：姿勢絕不能變，因為姿勢關乎決心。他們的行動硬，你的姿勢要更硬！

隔天，不管是上新聞社會版還是ＰＴＴ笨版，你都能在全國民眾的注視眼光中維持住一個「堅持在總統府前就地方便的硬漢」的形象。

即使你堅持如此做的原因不明，但千萬別說是我教的。

速成法二：敞篷超跑撞市區

如果你手頭有個幾萬塊，也可以去租輛麥卡倫或藍寶堅尼這一類的千萬敞篷超跑幾小時，拉開篷，開著它在東區（比如忠孝東路三～四段一帶，下午時段為佳）來回甩尾，甩到大家都不知道你在甩什麼意思的。等到圍觀群眾的人數多到你的虛榮感得到充分滿足之後，再往安全島或某個消防栓直直撞下去，讓所有氣囊爆開，若能冒點濃煙或起點火光更好。

當消防隊衝來滅火、警察跑來管制交通，以及記者開著ＳＮＧ車出現，這時，你再拿著手機、點根菸，蹲在路邊開始專心玩手遊，營造出一副只是遙控汽車撞壞的神祕及輕鬆感。不管記者問你什麼，你都是輕鬆地說：「沒事，別緊張，人生嘛！呵呵、顆顆、噗疵……」

接下來幾天，你就會被媒體寫成神祕的富豪，或財力驚人但行事低調的商人。也許後續的賠償問題會讓你賠到一窮二白，永世不得翻身，甚至變成九世乞丐朱大腸，但你仍然成功地快速吸引到全國民眾的日光。

老規矩，千萬別說是我教的。

按照上述邏輯，其實還有很多種衍生方法可以依個人創意使用，就看你個人的悟性了。但最起碼按圖施工，保證成功。

「特別」只是一時的

激情（？）過後，我還是想冷靜下來，談一談「特別」這件事。

我始終認為上帝是位很龜毛的神，祂在設計「人」的時候，讓每一個人都是獨特的，而且是絕對的獨特，不管歷史有多長，都不會出現跟你完全一模一樣的人。指紋、瞳孔、聲線、氣味、靈魂，你我都是獨一無二的。

從我們存在開始，上帝就配備給我們每人一個從起初就不平凡的靈魂。與其追求從

別人眼光評斷出的「特別」，不如把自己從自己抽離，好好地找到自己的獨特，然後認識它、欣賞它。

你完全不需要變得「特別」，因為那是別人給的，不屬於你原生的特質。即便你擁有它，它也不會永久，只要挫折或誘惑出現，而你動搖，它就有可能在你的一念之間遠離，從此不再屬於你，因為別人用嘴把它收回去了，沒價值了。

我就是我，即使這個我並不好

我每天都在練習接受當下的自己，接受我就是我，即使這個我並不好。

我一直不同意人應該永遠陽光、積極、正面（比如一些鬼扯激勵課程所奉為圭臬的）。仇恨、暗黑、算計，都是真實存在的自我，我為什麼要「假設」它們不存在呢？或者用硬擠出來的笑臉跟口號，來麻痺當下的不舒服呢？

全然正面和完美絕不會讓我們比較快樂，只會讓我們戴上更多沉重的笑臉面具。一切都很美好，都充滿陽光，我沒有仇恨沮喪——那是撒旦才說得出口的謊話。

年紀愈長，我愈相信上帝很愛我，因為祂給了我與生俱來的獨特，而且永不剝奪。

特別與獨特

雖然在這個世界上，我不可能依恃我的獨特生活，但我被「追求特別」這個欲望控制的機率愈來愈低。我有愈來愈多的時間可以在專屬我的獨特當中，安心地選擇我喜歡聽的音樂，選擇我喜歡喝的啤酒，選擇我喜歡看的書，選擇我從心喜歡的喜歡。

我可以很清楚地感覺到，每當我回歸到獨特之中時，就會有許多光亮在我的內在之中迸發，那是一種難以言喻的暢快與自在。甚至連周遭的人都能感受到，無形中被我影響、吸引到，就像一首動人情歌，帶給不同的人不同的情感觸發一樣。

這場學習和內心戰爭永遠不會停止，我也會永遠在「回歸獨特」與「追求特別」當中不斷來去，甚至迷失。但我會不斷練習，盡力回歸到獨特的基本面看待自己。

行為可以模仿別人，但思想不可能，因為上帝所設計的人的思想是極其機密複雜的系統。只要思考過程中，有任何一個微小的參數不同，演算的結果就是完全不同的方向。

所以呢，我長篇大論地試圖解釋我的想法，也許有人看了很有感觸，也許有人覺得我只是在說另一篇狗屁不通的廢話。

沒關係，都好，反正我管不著，就像你管不著我要不要寫這篇文章一樣。這就是你我與生俱來的「獨特」，根本不需要追求「特別」。

感謝上帝，感恩教主，讚嘆法王。

「洽牙」

「這兩年發生過什麼，我沒有一件事記得。」

對於自己這兩年的生活，朋友的記憶是如此，說來有股無以名狀的低落。然後，她決定辭掉目前穩定的工作，不管下一步往哪裡去，就是找尋一點改變。

我知道這種狀況有個專有名詞，台語叫「洽牙」（煩）。

「庸庸碌碌」說到底不是一件壞事，代表的是某種程度的安全，只是久了會洽牙——看生活很洽牙，看自己也很洽牙。

雖然說，《本草綱目》曾經記載：洽牙不分年齡。但如果今天喊洽牙的是十幾二十歲的人，我會想說：「你才剛開始洽牙而已，洽牙值尚淺，乖~請繼續累積經驗值。」

朋友已經洽牙至少十來年了（她很早出社會），喊洽牙算夠格。

對於現狀，接下來大概就是兩條路：一、麻木；二、反抗。

對我來說，洽牙的人選擇麻木會比選擇反抗要來得不輕鬆。因為反抗至少讓人有機會賭到一番新天地，賭輸了，頂多回來原點繼續洽牙。但選擇麻木的人就只能繼續洽牙，直到感覺不到洽牙。

為了三十歲的自己，朋友選擇反抗。

我告訴她：「你很有種。」

有衝有機會，誰說手上只有三輪車牌就一定不可能「紅布浪」？輸贏頂多一張嘴的溫飽。

「這兩年發生過什麼，我沒有一件事記得。」

這話聽來太洽牙了。

眼前的世界，是心的選擇。

離癮記

某年的七月底時，我們全家出了一趟遠門過暑假，總共二十幾天的時間。

跟我一起出過國的朋友大概都知道，每回我出國時，總會很誇張、很誇張、很誇張地在行李中帶上一大包檳榔，感覺像是剛搶完整間檳榔攤一樣。但這趟出門的前一天，我告訴小葳：「我這趟沒帶檳榔。把這包的最後一顆嚼完，我就要戒了。」

小葳用一種很奇妙的眼神朝我看了看，一如以往冷靜，簡單地說了句：「好，加油。」

至於兩個不孝女則是表示，「哈哈哈哈哈哈哈哈哈……」

我聳了聳肩，也是苦笑。

簡單來說，我覺得她們根本不相信。為什麼？哏！因為我自己也不是很相信呀！要和一個交往兩年的馬子分手都會死去活來好一陣子了，而且還不一定一次就能成功，更何況是要離開一個已經跟我朝夕相處二十幾年的癮！

為什麼我會特別挑這趟行程來跟檳榔提分手呢？其實是有幾個盤算的：

一、我曾經聽過這麼一個說法：一個習慣的鞏固與養成，大概需要二十一天的時間。這趟出遠門，時間正好超過這個大數，完美。

二、行程的目的地是加拿大西岸和美國紐約。除非我自己帶檳榔樹去種，否則要在這幾個地方買到檳榔，機率比我老婆誇讚我長得比玄彬帥還低。

三、美、加的機場安檢之嚴，僅次於等待丈夫喝醉了晚歸的老婆。檳榔這一類的植物能闖關成功的機率，理論上極低。

既然如此，我就乾脆來個順水推舟兼扭腰甩瀏海，不帶了吧！

二十多年的習慣，二十幾天戒掉了

說真的，頭十天在加拿大，突然閒下來的嘴巴還真癢。人在青山綠水間，腦袋裡想的卻都是檳榔、檳榔、檳榔。開車時，瞄到路邊樹上結的綠色小果實，我甚至幻想著乾脆停下車，摘它個幾顆解解癮。

從痛苦到痛快

由於潛意識還未習慣嘴巴沒事做，所以上下排的牙齒常常習慣性地緊咬著，空咬到嘴痠了，才覺得自己好笑。把手指放進嘴裡咬了一下……哇靠！痛到差點閃尿。原來我平常嚼檳榔根本就是在做重訓呀！

這十天，除了嘴巴咬合的陌生感之外，舌頭碰觸到兩側口腔黏膜的感覺也改變了。已經忘了有多久不曾這麼舒服，這麼滑不溜丟了。

接下來十天在紐約，經歷了一件很重要的事，更加堅定了我從此不吃檳榔的念頭。某一天下午，我在百老匯街附近閒晃，看著各式辣妹胸前的項鍊晃著，看著看著，我暈了——抱歉，是餓了。走進雞翅專賣店買了一份雞翅和一杯啤酒，坐在路邊啃將了起來。一口咬下，哇哩咧不妙，辣的！

想想，我的口腔和檳榔的超粗纖維，歷經了二十年日日糾纏與無盡的互相摩擦，平時我的嘴裡不管是口腔壁、舌頭或是牙齦間，總或多或少有著小傷口，只要一碰到辣、鹹或熱，因為感覺到抽痛，我就會立刻下意識地反應變身陳昭榮式的酸梅嘴，整個人不舒服到極點。尤其是辣——辣會持續停留，所以會一陣又一陣地抽痛，真要命！

所以過去二十年，我一向視熱、辣、鹹為畏途，尤其是辣。

但今天真奇怪，咬到辣雞翅的感覺跟以前不一樣！我確定這雞翅真的有加辣，因為嘴裡有相當清楚的辣感：麻麻的，熱熱的，燙燙的……但為什麼今天沒有痛感？

這樣的感覺真的是太驚人，太陌生了。

一口、兩口、三口、四口，一隻、兩隻、三隻、四隻……我轉身衝進店裡再買了一份辣雞翅，還加了Tabasco辣醬，衝出門回到原位，又是一口氣把所有辣雞翅掃光，然後一口氣把五百西西的啤酒喝完。

我站在原地笑了，忍不住拉了個弓，喊了一聲：「喔～～耶～～～～！」天哪！原來可以放心吃辣是這麼美妙的事情。上一次像這樣爽快地吃辣，大概是清朝嘉慶皇帝年間了吧！

離開紐約之前，坐在往機場的車上，我問兩個不孝女：「這趟旅程，你們有沒有什麼收穫？」

兩人講了半天也講不清楚，反正就是買了很多紀念品很高興就對了。

接著，她們也反問我：「把鼻，那你的收穫是什麼？」

「我的收穫是失去了一個習慣，而且我不打算把它找回來。」我笑著說。

紐約那晚的夜色好美，幾架直升機在東河上起降的噪音也破壞不了我的好心情。

「你好棒。」坐在一旁的小葳突然這樣對我說，我聽到了。

拔了爛牙，好舒坦

回到台北的第二天，我就聯絡了牙醫師朋友若玫，表示想去處理牙齒。

一進診所，躺在久違二十多年的診療椅上，看見整排陰森的器具，我心裡抖了大概兩萬多下不誇張。在張開嘴之前，我告訴醫師：「先跟您說，我吃了二十年檳榔。我不知道狀況有多糟，但我是來清理陳年業障的，該怎麼做，就請您放手做，我都沒意見。請不要告訴我細節，我不想知道，也不敢聽，就這樣。」

醫師和助理聽了直笑。

我很不好意思地張開嘴讓醫師檢查狀況，也做好了聽到各種壞消息的心理準備，比如說：「沒救了，全口重建吧！」或：「你死定了，準備植牙植到破產吧！」或是：「天哪！怎麼會爛成這樣？檳榔繼續吃吧，反正沒救了。」

我的牙齒磨損到什麼程度，其實不必多想，嚼了二十年檳榔是能多美妙。舌頭一舔，哪裡缺個洞、哪裡壞掉了，我自己清清楚楚。但人就是這樣，諱疾忌醫。明知道有問題，卻又不敢面對。我也是人，當然也有這樣軟弱逃避的人性。

在面對問題之前，人總是在腦海裡羅織出一萬種最壞的想像，然後說服自己去逃避，呵呵，我也是。但今天既然已經決定要處理，進了診所，上了診療椅，嘴也張開了，就算是把自己逼到角落，別想太多了。

醫師拿著各式的刀槍劍戟斧鉞鉤叉，在我嘴裡一陣溫柔地翻攪檢視之後，又用她平常講話時一貫溫柔的口吻，對我說：「嘉銘，我看了一下，除了有三、四顆牙已經磨損得太厲害，必須拔掉植牙之外，其他的都可以治療，之後裝假牙就沒問題了。狀況其實還行，很多牙根都還在，也很健康，不用擔心。」

要不是診所裡一堆人，我真想衝過去給她一個新娘抱，然後轉圈圈配銀鈴般的笑聲。

「那麼，今天就先拔掉壞掉的兩顆牙吧！」手上拿著暗黑麻醉針筒跟陰森拔牙鉗的醫師，溫柔地對我說。

「呵呵！好好好……拔，隨意拔！您就當自己的嘴，隨意拔吧！」要被拔牙，我還是感覺如沐春風。

「啊～～～～～～～～～～～～」（後略十萬句髒話。）

咬著止血棉走出診所時，麻藥正在退，我的牙齦開始隱隱作痛。流著口水的模樣雖然狼狽，感覺很不舒服，但心裡卻無比地舒坦。至少，向牙齒功能的復原跨出第一步

了，同時也築起了對檳榔的另一道防火牆。

人生有很多事情不也是這樣？自己在沙盤推演時，總是會把狀況朝絕望的壞處裡想，往沒有路的牛角尖裡鑽；但終於面對時，結果往往不見得像我們想的那麼糟，反而處處是生機，時時有希望。人性還真是他×的脆弱。

但我知道在未來的日子裡，我不會想再碰檳榔了。不為了什麼，就為了不想。

我想要自在地吃辣，想要有一口好牙能嚼爛所有美食。我想要大聲地開口笑，而不會感覺嘴巴紅紅的，有自卑感。

我不想要牙齒上面沾滿難清洗的檳榔垢。我不想要每天花好多錢去買檳榔。我不想要被沒有檳榔就焦慮，從早上一起床嚼到晚上入睡的癮頭綑綁。

我嚼了二十年，嘴好痠了，夠了。

戒癮，是需要時間與機會的

最後，有幾句話不吐不快。

一個「癮」的成因有相當多的面向。要不要移除，最重要的關鍵在於當事者的自我決定。至於周遭人自以為的一片好意，自以為的苦口婆心，自以為就算你不愛聽，我還是要勸告你的堅持，自以為很懂的告誡、建議及說明……喋喋不休的勸告，常常會造成成癮者絕對的煩躁與反感。

有癮的人，對於自己的癮都是有知覺的，也曉得壞處在哪裡，甚至比任何人都擔心自己，只是有說沒說的差別而已。正在煩的當下，聽到這些叨叨雜念，會更驅使成癮者回頭從癮的滿足裡去消滅心裡那股氣。

就拿我自己來說，我最痛恨這些人像唐三藏一樣嘮嘮嘮個不停之外，還三不五時自以為專業地丟一堆口腔癌患者的恐怖照片給我看。成癮者，不是沒有知覺的蠢蛋。

以上是我的「離癮記」，有興趣的人參考參考，但請不必拿這篇文章去叨念任何您身邊的成癮者。他們什麼時候要處理那綑綁自己的癮，他們自己心裡有數。很多事情是需要時間、需要機會的。

最不需要的就是喋喋不休，更沒必要擺出語氣或態度控訴有癮頭的人。榮耀歸上帝，平安歸所有心裡有恐懼的人。然後帥歸我。

02

有些東西，不一定用錢買得到

有些東西不一定用錢買得到，例如：
思考力與洞察力。

我在意的是你的毫不在意

吃完東西，走回停車處準備騎摩托車離開時，看見一個小鬼拿著一杯手搖飲料，試圖爬上我的摩托車，而媽媽正在旁邊講電話忙著。

我的摩托車是重機，體積比較大一點，高度也比較高一些，小鬼爬得不甚順利。他伸出拿著飲料的那隻手，試圖搆住車手把來穩住身體，讓自己可以爬上椅墊。我遠遠地看到，心裡就覺得很有可能會挫屎，正想要出聲提醒他小心……

果然，下一秒立刻悲劇：小鬼的力氣不夠，手又比較小，於是，手上的飲料直接掉落，杯子的封膜破了，有少許飲料灑上了車子的腳踏板，大概是奶茶一類的吧。

我對車子髒了這件事不是很在意，小孩要坐在上面玩我也ＯＫ，只要車子有停好，沒有翻倒的安全疑慮，其他的我就隨便了。

所以，我並不打算對這小鬼發出任何責難。

惱羞成怒的媽媽

我走過去，正想問一下小鬼有沒有事，這時，他那原本正在講電話的媽媽看到這狀況，立刻把小鬼從腳踏板上抱下來，拿出衛生紙，一邊幫他擦拭著衣服上被飲料濺到的地方，還一邊抱怨著：「你看看你，又把自己弄髒了。」小鬼則是一臉的天真無辜。

媽媽擦完小鬼之後，把衛生紙往我車上順手一放，對小鬼說：「走了走了，下次再這樣調皮，我就打你手心。」接著，她就牽著小鬼的手準備要離開……

「還好嗎？人有沒有事？」我出聲問了一下。

媽媽朝我看了一眼，說：「沒事。」接著又轉身準備離開。

我：「抱歉，請等一下，麻煩你至少把打翻在我車上的飲料清一下，然後，把杯子跟衛生紙一起帶走吧。」

媽：「這車是你的喔？」

我：「是我的沒錯。但不管是不是我的，你們都該清一下吧！我看到飲料是弟弟打翻的喔。」

媽：「又不是潑到整台車，才那一點點。」

我：「你不想清，我ＯＫ，我自己來。但請你把垃圾帶走，不過分吧？」

媽（翻了個白眼）：「重機了不起喔？什麼嘴臉！嘖……」

她心不甘情不願地把杯子從腳踏墊上撿起來，拿起剛剛已經吸滿飲料的髒衛生紙，往滴到的地方很敷衍地劃了過去，原本髒掉的地方更髒了。

我：「對我惱羞成怒大可不必，小孩在看。」

媽：「少在那邊廢話。心眼小，很在意就說一聲。」

我：「我在意的是你的毫不在意，不是車。」

媽：「是喔！」（白眼again。）

她一臉不悅地牽著小鬼走了。我自己摸摸鼻子，把髒掉的地方又清了清。

我的摩托車真的沒什麼了不起，不過是一輛摩托車，髒了、壞了都難免，好解決。不解決也無所謂。

沒人是完美的，誰的心裡不會多少有點髒，行為有點壞，我三不五時也想偷雞摸狗。這是人性，也無可厚非。但如果連我這外貌極度姣好的文明人這麼客氣地提醒你，你都要惱羞成怒以對，那麼，休怪總有一天會有凶神惡煞對你不客氣。

再說一次：我在意的是你的毫不在意，不是車。

怕人家不知道？

一早，忍不住在電腦前罵了兩萬多句難聽的話。起因是有一位好朋友發了一篇過年委屈文，內容主要是描述她在過年期間遭遇的幾件不幸：

一、老公在年前去了工作，還拿朋友在尾牙抽到的幾千塊獎金和小孩的紅包錢去賭，然後輸個精光。

二、年夜飯時，她被公婆冷言冷語地嫌懶惰，老公不幫忙就算了，還落井下石。

三、初二要回娘家，又被公婆和老公嘰嘰歪歪，差點就無法成行。

朋友在心情很不好的狀況下發了這篇文，想稍微排解一下情緒。但文章的下面有幾則留言，看了真的令我火冒三丈。這些留言就是標準「提油救火」的廢話！朋友更是愈看愈難過……

討厭鬼留言一：「怎麼會這樣？我老公過年包了五萬塊紅包給我耶！還叫我一定要全部買自己的東西花掉，不可以存下來。」

【解析】人家已經在愁沒錢了，你是乘機炫耀個屁，還是怕人家不知道你老公包給你五萬塊。要不要乾脆去貼爆料公社？

討厭鬼留言二：「年夜飯都是我婆婆煮的，我只要等著吃就好，連碗都不用洗。」

【解析】有人問你你家年夜飯是誰煮的嗎？其實就算是你婆婆的鄰居的二姨媽的四叔公煮的，也沒有人在乎啊！恭喜你很好命。快吃東西，不要講話。

討厭鬼留言三：「我公公、婆婆對我超好，每次都會跟我一起罵我老公，就算是我做錯，還會幫我掩護。」

【解析】恭喜你很好命，但老話一句：到底有誰問你公婆對你好不好了。你公婆知道你在這邊說廢話嗎？他們等一下會不會也來留言掩護你？

討厭鬼留言四：「初一晚上，我老公就開車帶我回娘家了，連給我爸媽的紅包，他都幫我準備好了。」

怕人家不知道？

【解析】嗯哼嗯哼嗯哼，啊哈啊哈啊哈，你知不知道：初一過了之後就是初二，初二過了就是初三，初三之後就是初四？

討厭鬼留言五：「光我小孩的紅包就收好幾萬了。」

【解析】你要不要把你們那個里所有小孩領到的紅包數字，都跟大家報告一下？

討厭鬼留言六：「看吧！當初就跟你說別嫁給這個男的，我早就知道他是這種人。」

【解析】請問一下：川普下一屆會不會連任？

討厭鬼留言七：「我人在日本替你默哀。」

【解析】你這麼怕人家不知道你出國喔？

討厭鬼留言八：「你看你就是這樣沒用，根本給了小孩一個不良的示範。你以後怎麼教小孩？」（後略一大篇轉貼的親子專家文章。）

【解析】你不嘴個幾句，舌頭會癢嗎？

討厭鬼留言九：「我找時間罵罵你老公。」

【解析】那麼行？要不要好人做到底，連他爸媽一起？

討厭鬼留言十：「朋友平安喜樂，狗年好運旺旺旺。」（長輩圖。）

【解析】朋友，早晚偏涼，少穿點。路上車多，過馬路時，千萬不要看有沒有來車。

《本草綱目》有記載：其實沒人在乎你有多爽，不必在人家的痛處裡乘機炫耀！

無禮，衝動，白目。

不管什麼事情，以上三項，只要犯到其中兩樣……

不管你在過程中贏到了什麼，最後都會是輸家。

禮讓是一種選擇

今天親身經歷了兩個場景，頗有感觸。

同理？不同理？

電梯門打開了，所有排隊的人魚貫走進去，在電梯裡站定位。我眼見人多，決定不擠了，等下一班。

門正關上時，一名推著嬰兒車的婦女伸手擋了一下電梯門，門再度開啟。婦女推著嬰兒車進到原本就已經不算寬鬆的電梯裡，最後發現嬰兒車有半台的體積無法進去，她不死心地又把嬰兒車往人群裡推了推，撞到了幾個人，車輪還壓到了其中

一個人的鞋。

這時，電梯裡有人出聲說道：「小姐，你要不要搭下一班電梯？這樣硬擠，大家都很勉強。」

婦女氣憤地拉出嬰兒車，一臉不悅地說：「沒看我帶著小孩喔？沒有人肯禮讓出來就算了，連往裡面擠一擠都不肯。你們有沒有同理心啊？」

她轉頭看了身後的我一眼，說：「你看，這些人是不是很沒有同理心？竟然要我一個推著嬰兒車的人等下一班電梯。」

我回看了婦女一眼，接著面無表情地越過她，走進電梯，按下我要去的樓層及關門鈕。電梯門一關上，婦女和她的嬰兒車消失在大家眼前。

門完全關上之前，我看見她睜得老大的雙眼。

歧視？偏見？

中餐在一家麵店吃飯。店裡生意很好，服務生忙進忙出的。有個坐輪椅的女人出現在店裡，向服務生點了兩塊油豆腐，並且要求額外加湯。

不一會兒，服務生送上兩塊油豆腐，但忘了加湯。

女人看了一下碗裡的兩塊油豆腐後，抬起頭，對服務生大聲地說：「我說我的油豆腐要加湯，你卻只給我兩塊油豆腐。你是不是看不起我殘障？欺負我是殘障？」

服務生陪著笑臉說：「抱歉抱歉，我立刻去幫您加，請稍等我一下。」

女人看來不打算饒了服務生，繼續大聲地抱怨：「別人的餐都沒問題！我剛剛就說我要兩塊油豆腐加湯，你卻連這麼簡單的事都搞錯，我覺得你根本就是歧視我們這種身心障礙的人，我下次不會再來了。」

服務生只得再一次陪著笑臉道歉。

女人繼續滔滔不絕地邊吃邊抱怨。

我坐在一旁，整個食不下嚥。

結論

一、禮讓是一種選擇，不是一種義務，沒有人該被迫實行。

二、嬰兒車是讓自己方便的工具，不該是逼人就範的武器。

三、有很多時候，所謂歧視的眼光，其實是來自於自己對自己的偏見。

非賣品，無關國籍

這是去美國旅行時遇到的事。

在咖啡店裡，親眼目睹三個操湖南口音的中國人因為持續的喧譁吵鬧，而被店經理堅持「請」出去。

其中一人在被請出門的過程中，很不甘心地用手指著店經理，大叫了一聲：「You can't do that to us! We have money!」

「噓～～of course I can, and we have money, too… Have a nice day… bye.」店經理把食指放在唇上輕聲細語地說，然後對他比了個bye的手勢。

接下來，咖啡店恢復了原先的安靜與閒適。

有些東西不一定用錢買得到，人家也不一定想賣，比如說：別人在咖啡店裡享受安靜的權利。口袋有多滿、多飽，是各人的本事，但每個人在咖啡店喝一杯咖啡都是付三到五塊美金，你沒道理可以講話特別大聲。

再次強調，無關國籍，這種人各國都有。不管你是哪一國人都一樣，別把在自己國內自以為的親切和習以為常全帶出門了。

You have money.

We have, too.

虛榮確實讓人覺得過癮。

但一不小心，很容易就會膨脹自己。

對，我沒有這種愛心

網友：「寶爺，年底想邀請你一起募（物）資做愛心。」

帥寶：「請問受助對象是？」

網友：「因為我有看到你之前在號召相關活動，相信你一定很願意參與。」

帥寶：「所以受助對象是？」

網友：「我們長期在做愛心，所以有很多受助對象，如果有你號召，一定可以讓年底的這場活動更成功。」

帥寶：「到底受助對象是？」

網友：「所有的愛心捐助人都很支持我們，也對我們十分信賴，我們一定會妥善處理所有資源及金錢，希望你一起加入。」

對，我沒有這種愛心

帥寶：「受助對象是？」

網友：「每一次活動，我們會製作正式的感謝狀，也會在適當的地方露出贊助單位的名稱，對你個人及公司的形象都很有幫助喔！」

帥寶：「需要我捐什麼？捐多少？」

網友：「我們希望是資金優先，物資就看不定時的需求。當然，做愛心一定是盡力而為，你說是不是？」

帥寶：「講到錢，您才聽得懂中文。若真把錢給您，我看您連RAP都會了。去找別人，我沒興趣。」

網友：「這是做愛心耶！」

帥寶：「就當我沒有那種東西。」

在台灣，打著愛心幌子四處招搖募款、募物資的人和機構太多了。這幾年，寶寶聽多，也看多了，一堆帳目不清、用途不明，當中不乏檯面上的機構和個人，隨便打聽一下，就能看見不少醜陋。

寶寶寧可沒愛心，也不要在這種事上當盲目濫情的蠢蛋。

03

生命有限，回憶與感動無價

即使這個世界失去溫度，我們也不可以沒有態度。

其實沒那麼糟

某天，因為發生了一些科學無法解釋的靈異現象，導致我必須親自開車送貨去桃園市區及楊梅共三處地方，原本整個下午的各項計畫直接報銷。

在悶熱的空氣中憋著一團鳥氣，東奔西跑了一個下午之後，總算把貨都一一送達。然而，情緒還是糟到一個破表。我只想趁高速公路還沒開始塞車前，趕緊回台北，但命運捉弄人，往交流道方向沿路的紅燈似乎通人性，幾乎每個紅燈都讓拎北給停到了。

怎樣？是在表示「感恩教主，讚嘆法王」的意思嗎？

但基於我是一個面貌極度姣好又守法的台灣國民，我還是耐著性子等完每一個紅燈對我的熱情留步，即使我心裡已經罵了五千萬次硍。

停紅燈時，看到迎面有一群胸前戴著紅花的高中職畢業生走來，三三兩兩成群，嘻

其實沒那麼糟

嘻哈哈說笑著，真是好不快樂。我雖然聽不見他們說什麼，但他們的笑臉卻感染了正在車子裡頭焦躁的我。

在他們當中，應該有人準備要上大學，有人準備要出社會工作，有人準備要當兵，有人搞不好什麼都沒準備。但在畢業這一天，走回家的路上，至少每個人都是開開心心的。

我也不管認不認識，搖下車窗就對他們大叫：「嘿～～～畢業了！恭喜喔！」

「謝謝！謝謝！」他們也熱情地大聲回應莫名其妙的我。

「別忘記去把白目的同學跟教官打一頓喔！」我再叮嚀。

「正要去打～」其中有個小個子這樣回我。

「多踹兩腳，算我的。」

「好～哈哈哈哈哈哈！」

綠燈了，我油門一踩走了，他們的背影在我的照後鏡中遠去，消失。

說也奇怪，我的心情變得好好，沿路變成綠燈在「感恩教主，讚嘆法王」。

突然覺得，其實出來送這趟貨也沒那麼糟，雖然毀了一個下午，最後卻在一個紅綠燈下，巧遇了一群剛畢業的陌生孩子，交換到了好心情。

希望他們白目的同學和教官最後都平安（燦笑＋誠心祈禱ing）。

勇敢不只是傳說

透過這篇文，我要向兩位勇敢的朋友致敬：一個叫許大胖，一個叫丹尼濕。

許大胖

認識大胖，大約是在四年前。他是我以前同事的親弟弟，嚴格來說，那時他是我臉書上的粉絲。

第一次和大胖見面，是在很正經的板橋福音堂門口。兩個人都頂著像剛從監獄服刑出來的大光頭，都穿著流浪漢等級的夾腳拖，身上的棉T也都是鬆垮到感覺是從舊衣回收箱偷出來的。

重點是：兩個人都很不瘦！各自挺著一個如同剛受孕五個月的孕婦等級的肚子，用企圖協調身體肥胖重心的三七步，站在路邊大聲聊著天。

一開始聊什麼？其實都在聊廢話，當然不外乎就是馬子、馬子、馬子。馬子是男人之間永遠完美的開場白。但由於我們先天外型的限制，很自然地，我們聊的都只能是別人的馬子，所以也很自然地，我們聊天的主題瞬間變成「運動」。

等一下！兩個胖子聊運動？不就是純粹紙上談兵?!大家千萬不可以有這種先入為主的錯誤觀念。

一聊起運動，大胖開始邊噴口水邊告訴我，他有在騎腳踏車，還有在玩三鐵。我假意不在乎地抹去臉上的口水之後，心想：「騎腳踏車誰不會，我還會放雙手騎。連騎腳踏車都可以拿出來講，臥槽咧～～～」

當然，這些內心戲因為初次見面，還有基於中國五千年文化的禮教束縛，所以拎北全都忍下來了。

但三鐵是可以這樣隨便說玩就玩的嗎？還是你所謂的三鐵指的是：《科學小飛俠》裡的鐵雄、鐵樹開花的鐵樹，和淡水阿婆賣的鐵蛋？

當然，這些話因為初次見面，還有基於中國五千年文化的禮教束縛，所以拎北再度

全都忍下來了。

我繼續挺著結實的鮪魚肚，維持著瀟灑的三七步，聽大胖滔滔不絕地說，任憑他的口水繼續往我臉上噴。就這樣聽著聽著，轉眼大約過了有一個世紀那麼久吧。這時，學識過人又常識豐富的我突然發現：咦？大胖講的內容真的不像是在唬爛耶！這傢伙好像是真有料的人耶！

於是，我稍微調整了一下三七步的角度變成「我聽您說」的狀態，順手抹了一下臉上被噴的口水，但這次是帶有敬意的。

哈啦了好一下子，大胖突然又話鋒一轉，把主題從「運動」轉變為「癌症」。

ㄟㄟㄟ……這樣任性的態度和邏輯，我很不能接受耶！好說歹說我也是很擅長主導話題的話題王，為什麼你現在可以說換話題就立刻切換?!

但因為初次見面，還有基於中國五千年文化的禮教束縛，所以拎北第三度忍下來了。

但我還是帶點小倔強地問了句：「該不會你得過癌症吧？」

大胖突然把上衣一扯，露出他的整個胸膛。

ㄟㄟㄟ……要打架是不是？大家都是胖子，要打架就打架，不用在那邊撕衣服做氣勢啦！還是你有刺青？龍虎豹還是米老鼠？別以為我沒見過世面！

喔……No！還真的有一道「刺青」——通常這種「刺青」都是一種職業叫做「醫生」的傢伙，在人家全身被麻醉，毫無防備的狀況下，硬給人家刺上去的。他的胸前有好長一條……

「我十七歲的時候得了淋巴癌，開了一大堆刀，經過無數次化療，好多次覺得生不如死。但最後運氣不錯，我活下來了。我想，既然老天給我機會活下來，我就要好好過下去，所以我開始大量地運動，一開始練單車，後來練三鐵。我一定要把身體顧好。每次聽到有誰得了癌症，只要有機會，我就去跟對方聊聊天，鼓勵他們千萬別放棄。」大胖告訴我。

身為胖子的我用「胖狗眼看胖子低」的眼光看了看同為胖子的他，問他：「你的身體受得了喔？」（暗黑的翻譯就是：硍！我們都是死胖子，哪來的體力和本錢這樣搞。）

大胖笑了笑，回答我：「我已經從一百四十幾公斤練到現在一百出頭了，雖然還是胖，但我會繼續練下去。」

請允許我用一聲「汪！」帶過我所有的佩服與感動。

也因此，我們交上了朋友，保持著良好的互動。

隔年，我決定騎腳踏車環島。在為出發做準備的那段日子，有一天接到大胖打電話來，說：「寶爺，我等一下去找你，我拿一些必要的裝備給你，也順便看一下你車子的狀況，幫你調一調。」

隔天，他騎著摩托車拎了一堆東西來我家：專業的排汗車衣，褲底有縫兩塊海綿的專業車褲，胺基酸小丸子、電解質沖泡粉等等。又仔仔細細、裡裡外外地幫我檢查了車子的狀態，叮嚀我在路上可能會遇到的各種狀況及解決方式。

那時，我好難相信在我眼前的這個一直噴口水的胖子，幾年前竟然還是個躺在床上開刀、做化療的癌症病人。

那一次，我非常順利地騎腳踏車環完島之後，累癱在家裡的床上時，第一個感謝上帝保守我一路的平安，第二個就是感謝大胖，因為他沒有放棄他自己，所以他有機會鼓勵、幫助到很多的人。

其中一個就是我！

丹尼濕

認識丹尼濕是在一位前同事兼要好朋友的婚禮上，他是介紹新郎、新娘認識的媒人，最後順理成章地在婚禮上擔任司儀的工作。

丹尼濕當天西裝革履，一臉帥氣。整場婚禮原本就已經是才子佳人、天作之合到一個很過分的地步了，在他的主持掌控下，整個婚禮節奏更是顯得郎才女貌、百年好合、雙雙對對、萬年又富貴……

看到丹尼濕，實在很難掩飾心中的嫉妒。長得一表人才就算了，畢竟我們不是膚淺的人，更何況我本身也有著極姣好的外貌，我跟他頂多就是金城武和梁朝偉的差距而已。結果這傢伙還從紐約留學回來，講了一口流利的英文。這點我就氣得牙癢癢了。

在婚禮上認識之後，我們開始在臉書上互加好友，進而了解彼此的生活及工作。我繼續當我的金城武，他依舊扮演他的梁朝偉。

經常看到他到處飛來飛去地出差，一會兒在加拿大，一下子在美國，沒多久又去了這裡、那裡，還有不知道哪裡的哪裡。比起我只能坐在電腦前飽覽各國風光，他可是真真實實地踏到不同國家的土地上去見識。

雖然他常在臉書上抱怨頭髮一天比一天少，髮線一天比一天高，但……看起來整個髮型還是吹得出完美的波浪和分線啊！哪像我，只能每個禮拜拿著電剪，在浴室裡將刀頭貼著頭皮把稀疏的小草皮推得一乾二淨，還要三不五時被女兒虧我光頭。

對我來說，丹尼濕真是一個教人嫉妒的好命人！

但是，某天他貼上一篇打卡地點在台北榮總的發文，徹徹底底地嚇了我一大跳。原來，在丹尼濕快過三十五歲生日時，醫院確診出他罹患了淋巴癌，預計要進行六到八輪的化療，他將有半年多的時間得在醫院裡度過，直到康復。而他計畫在三十六歲生日前，再度生龍活虎地出現在大家面前。

什麼?!丹尼濕得了癌症？這怎麼可能！怎麼可能會輪到他？我就是不解、不解！還是不解！除了開始掉頭髮之外，老天不是一向很眷顧他嗎？

我以為將有很長一段時間看不到他的發文。他也許會意志消沉，也許會鬱鬱寡歡，也許會有太多也許，但絕不是令人歡愉的。

但丹尼濕這傢伙真是屌。他沒有因為生病就躲起來或意志消沉。每隔幾天，就會看到他發文向朋友們報告目前的病況：做了什麼治療，身體有什麼不舒服，遇了什麼開心的好事……重點是，他的語氣和照片始終都是笑笑的。

有時候看到他的發文，我都忍不住想罵：笑啥？癌症耶，還搞得這麼歡樂！XD

有一天，他放上了一張準備開始做第五輪化療的照片，寫上：「5th round~game

on!」在經過了四輪化療之後，這個人的笑容還是一樣迷人。

但我還是想說：笑啥？笑就算了，幹麼還是這麼帥！

我和丹尼濕在真實生活中不能算是熟人，最多就是透過網路了解彼此的生活與想法。但這次他生病的過程，卻讓我更深刻地認識到他除了帥之外，有著更多的帥氣、勇敢與堅強。我對他的嫉妒又更多了一點。

在這段日子裡，我感覺醫生用藥和設備在治療丹尼濕身上的病痛，而丹尼濕是以笑容和堅強，在治療每一個親朋好友的心痛。

我相信，他的三十六歲生日一定會過得健健康康、精采無比！

不輕言放棄

寫了兩個故事落落長。一個是已經從淋巴癌裡走出來的許大胖，正在努力地運動，努力地生活，努力地用自己的故事鼓勵別人。一個是正在跟淋巴癌奮戰的大帥哥，痛苦之餘，卻不斷地保持樂觀，用笑容與文字安慰了別人，也逐漸療癒自己。

淋巴癌突襲了這兩個不同的人，在他們不同的生命時段。但淋巴癌並沒有擊倒其中

任何一個人，反而讓這兩位更加地發亮，而且我確定他們的光會在將來的每一天，照亮更多幽暗的生命，讓別人也因著他們而發光。

我的天兒呀，這是一個多麼美妙的善循環呀！

我好榮幸，這兩個堅韌的生命都是我的朋友。

很有感地寫下了這篇長長的文章，主要是想向這兩個勇敢的靈魂，致上我深深的敬意與祝福。

另一方面，也想讓一些正在類似苦難中受苦的心，藉著他們的故事看見盼望，一起學習樂觀的功課，繼續往更美好的風景走去，不輕言放棄。

加油加油加油！

God never wastes a pain. 汪！

生命，是會自己找到出路的——之所以稱做「生命」。

心境的價值

晚上在運動場練間歇跑。跑到第五圈時，為了跟上助教，我特意把每一個步伐跨得更大以加快速度，但卻忘記同步調整呼吸，因此無意間破壞了我身體原本習慣的換氣節奏。最後停下來時，熱汗猛噴、冷風狂吹、呼吸大亂、頭昏眼花。我整個人像沒了魂似地在跑道上晃悠著，踱著，緩緩旋轉著，最後跌了個踉蹌，狠狠摔在地上。當時的我，樣子肯定糗到爆！

我癱坐在地上，一邊揉著痛處，一邊低聲罵了句：「哏～真痛！」當時，我覺得我是全世界最委屈的帥氣男子，明明那麼帥，卻要承受這般厄運，真悶呀！

這時，我發現身旁有個低著頭的小弟弟，原本正因為闖禍而被媽媽瘋狂靠北中，而且已經被靠北到連整個背影都散發出強烈的鬱悶氣息。但他被我的摔豬肉聲吸引了，突

然轉頭看到了跌倒而超級狼狽的我……

小弟弟突然笑了，笑得好開，害我忍不住也跟著笑了出來。

他指著我，轉身跟媽媽說：「叔叔跌倒的樣子好好笑喔！」

媽媽轉頭看向我，還是一臉怒氣未平。

「這裡沒有叔叔，我是哥哥。」我立刻出聲糾正。

媽媽繼續看著我的鳥樣，一聽到我這樣說，臉部原本僵硬憤怒的線條漸漸軟化，最後也笑了出來。

就這樣，三個人笑個不停。

媽媽很客套地邊笑邊問我：「沒事吧？」

我也很客套地回答：「沒事啦，就是沒有原來那麼帥而已。」

這對母子又大笑了。

頓時，我好感謝上帝，把我的長相、個性都造得這麼幽默好笑，連摔倒都可以逗得兩個原本不快樂的陌生人笑逐顏開，這是多麼厲害的事情呀！

我好想對著運動場裡的所有人大叫：「嘿！今天有誰不開心的？來看看我的糗樣，一起笑一笑吧！免費！」

我是真心的！

吃飯

相較於一般家庭，我家的碗盤櫃裡有著為數不算少的碗盤數量，不是我們一家四口特別能吃或特別愛吃，而是因為一種常常被大家遺忘了的需要。

每週四晚上的七點至十點這段時間，賤內小葳的教會小組都在我們家裡聚會，大約有七到十人。由於大部分的人都是剛下班就匆匆趕過來，所以每個人進門幾乎都是一臉風塵僕僕，神情也帶有一絲絲難掩的疲憊。

至於晚餐，有人會隨便帶點麵包、餅乾，或者乾脆一個便當就隨意解決。而小葳的晚餐，我也隨便煮點東西給她吃就打發了。

後來，我開始會早點回到家幫大家準備晚餐，讓所有人下班直接過來就有東西可以吃。

幾天前，跟小葳聊到這件事。

寶：「我覺得禮拜四你們小組聚會前，大家一起吃晚餐、聊聊天，還不賴耶！」

葳：「對啊，所以我叫大家以後都直接來家裡吃，不要趕來趕去地再自己找東西亂吃了。」

寶：「真的。現煮的熱飯、熱菜就是王道！更何況煮的人外貌又是如此姣好出眾（挺胸）。」

葳：「……（故意充耳不聞）而且你想想，我們小組裡，一定有許多人很少好好地坐在家裡餐桌前吃一頓晚餐。我為什麼不用免洗餐具，買了一堆瓷碗、木筷，就是不想讓大家覺得隨便，不被重視。」

寶：「嗯，煮飯的人也帥得很不隨便（挺胸）。」

葳：「……（故意充耳不聞）下禮拜你要給我們吃什麼？」

寶：「吃『好吃』的啊！」（暗黑燦笑。）

吃一頓好飯，吃好一頓飯

小葳的小組只是一個縮影，我相信有許多人可能因為工作忙，沒時間，或者因為一個人住，或跟家人的關係有一些比較辛苦的原因，所以已經很久沒有在晚餐時間好好回家坐在餐桌前，好好地坐下來吃頓正飯，在沒有壓力的狀況下，說說一天的喜、怒、哀、樂。

一處非營利的場所，一張像樣的餐桌，一副乾淨、正式的碗筷，一桌飯菜，一鍋熱湯，一些說話的對象……對有些人來說習以為常，但對有些人來說卻是夢寐以求。

我很感謝上帝，讓我會下廚，也喜歡下廚，雖然端不出什麼名湯大菜，但讓大家吃得乾淨、吃得飽足，卻不成什麼問題。

所以我一直很鼓吹大家盡可能回家做飯，盡可能在家和家人一起吃飯，甚至還很野人獻曝地上傳了一堆料理影片，告訴大家如何讓料理快速上桌，用意就是在此。

吃一頓好飯，吃好一頓飯，成就的不只是肚子的溫飽。

人生沒有什麼事是吃一頓不能解決的。
如果有，那就吃兩頓。

快樂是可以從痛苦的程度中比較出來的。

蹦咪乓

某天下午，騎車經過路邊的一個攤子，騎過去之後不到幾秒，我煞了車，又掉頭回到那攤子前——是一陣記憶裡的香氣催促我。

「頭家，我可不可以買你現爆的米香？」

「要不要買做好的？你面前那些就是。」老闆的手往我面前那幾包爆米香指了指。

「所以你今天不再爆了？」我不死心地追問。

「還會，但是要晚一點，我想先銷掉一些已經做好的。」

「嗯嗯。不然打個商量，你幫我現爆一桶，這一桶我全部買下來，你也把你覺得應該額外加的工錢算上去。」我真的不打算死心。

「這麼堅持喔？好啦、好啦！」

記憶裡的香氣

老闆點起了火，把米倒進黝黑的金屬壓力鍋裡，蓋上蓋子，按了一下開關，壓力鍋緩緩轉動，整套機器開始運作了起來。站在一旁觀看的我，也漸漸熱了。

接著，老闆點起另一爐瓦斯，在一邊用小鍋子煮起糖漿。

「頭家，你這行做多久了？」

「我今年六十五歲，算一算快四十年囉。」

「四十年！你打算再做多久啊？」

「不知道。以前做這行是為了養家。現在小孩都長大了，繼續做，就當作是老人工賺點零花錢，不然閒著也是閒著。現在的生意跟以前不能比了啦！到處是一堆機器做的現成品，誰還要在路邊買爆米香。」

「我啊，哈哈！」我笑著朝自己指了指，說。

「哈哈！」他看了我一眼，也笑了。

「要爆了～～要爆了喔～～～」老闆突然大聲地吆喝了起來。我下意識地往旁邊退了兩步。

「砰！」

壓力鍋被打開時，伴隨著聲響噴出了一道白色的霧氣，然後緩緩地在鍋口邊流轉著。

熱熱的，最香

老闆手腳俐落地把遇熱膨發的米香成品往木製方格裡，倒出一座白色的小山，接著，把等在一旁的糖漿朝米香上淋下，用一根平口木鏟快速地拌和著，主要是為了讓糖漿均勻地裹覆上每一粒米香。接著，他拿出一根有大面積方形的木工具，將一坨米漿慢慢地在方形木框內壓平、壓實。最後，他拿出一片類似水泥抹刀的鐵製工具，在方格內上下左右謹慎地壓切著，讓米香一塊塊成形。

他挖了一塊遞給我，說：「來！先吃一塊，熱熱的，最香。」

「好！」我連謝謝都懶得說，接過之後立刻往嘴裡塞，仔細地嚼將了起來。

「讚吼？」他邊包裝，邊問我。

「好甲嘎靠北！」我笑著說。

清點找錢時，我發現老闆沒有多收。

「頭家，你要算你額外的工錢啦！是我麻煩你的。」

「免啦，已經有賺了。」他帥氣地揮了揮手。

童年

壓力鍋的餘熱依舊發散著。我的嘴裡還留著剛剛爆米花的餘香與糖漿的甜膩味兒。

壓力鍋開鍋的那一聲「砰」，小時候，我和街坊玩伴們稱之為「大砲發射的聲音」。每天都在發射大砲的爆米香老闆是一個根本神氣的職業，其重要性、帥氣度與現今的美國隊長相去不遠。

「要爆了~~要爆了喔~~~」彷彿看見三十多年前，童年的我和街坊玩伴們一起同時尖叫、四處逃竄，找到一個安全的角落之後摀著耳朵，蜷著身體，還是忍不住一直回頭看，期待著這一響爆炸聲。

「砰！」蹦咪乓囉~~

我長大了，世界變小了。

我懂事了，原來大砲只是一個壓力鍋，那聲「砰」也換不到我的尖叫，但這一切並不礙事。

剛剛催促我回頭的那陣香氣，它悠悠飄越了三十多年的時空。

某兩個母親的母親節

晚上騎車兜風時，經過萬華廣州街的夜市，去了龍山寺旁的一家便利商店暫停休息。

長久以來，那一帶有不少上了年紀的流鶯聚集，以站壁打游擊的方式，用身體換取金錢度日。今天也不例外，我身旁就有兩位明顯上了年紀的女人，臉上厚重的妝粉是為了掩蓋皺紋與歲月的斑，廉價香水的濃烈氣味揮發在夏夜悶濕的空氣中，竟有著淡淡的刺鼻味。誇張的金色大鬈髮相映豔紅的唇膏，更是格外地突兀。

極貼身的連身低胸短裙裝，推擠出視覺效果極強的乳溝，但腰身及小腹的贅肉卻也很難被忽視。

她們的過去很難從外表推測，但此刻坐在摩托車上閒聊的她們，很明顯是在等待有

人光顧自己的身體。

其中一個說：「今天母親節，到處都在吃母親節大餐，我那個沒用的兒子還來跟我要錢，說他好幾天沒吃飯了。我都這把年紀了……怨嘆啊！沒出來做，連我自己也會沒飯吃啊！想想真是好笑，以前還指望他養我，哈哈哈哈～～」

另一個笑笑地回應：「你兒子至少還在。我兒子十年前留了一個孫子給我之後，人就消失到現在。今年孫子要上國中了，我這個當阿嬤的還要出來街上賣屁股賺錢給他念書，還是要專心賣，努力賣啊！哈哈哈哈哈～」

那天是母親節，無意間親耳聽見兩個母親在街角的自我解嘲。

我笑不出來，一點都笑不出來。

甚至連為她們加油打氣都開不了口。

母親節過了，或許對某些母親來說是另一種解脫吧。

當然，我想對有些孩子也是。

願上帝親自安慰、醫治每一顆有傷口的心。

請問，你知不知道我住哪裡？

一位老太太穿著剪裁合宜的深藍色連身裙，在街角的便利商店門口來回踱步著。

我和大女兒剛從店裡走出來，聽見她嘴裡不斷喃喃說著：「怎麼辦？怎麼辦？怎麼辦？怎麼會忘了……」

我拉了拉女兒的手，停下腳步，忍不住多看了她兩眼，因為她的眼神裡除了慌張，還帶有一種直視的空洞感。

我開口問了老太太：「阿姨，需要幫忙嗎？」

她也停下腳步看著我，還是那樣直視、空洞的眼神，問我：「你知不知道我住哪裡？」

「不知道。」我搖搖頭回答她，「阿姨，我幫你聯絡警察，請他們幫你查家裡地址好嗎？」

「把鼻，這位阿嬤怎麼了？」女兒抬頭問了我。

正當我要開口回應時，一位左手牽著小男孩，右手拎著包包的婦人小跑步地向我們快速接近，不難看出來她眼裡的焦急。

「媽～～～你怎麼自己亂跑，所有人都快被你嚇死了。」婦人邊喘著氣，邊對老太太抱怨著。

「你知道我住哪裡？」老太太也問了她一樣的問題。

「我當然知道，你是我媽。」

「那你帶我回我家好不好？」

「好！」婦人邊答應，邊伸出已經拎著包包的右手，再牽著老太太往前走，漸漸走遠了。

「媽，阿嬤是不是又忘了我們？」小男孩邊走邊問。

「把鼻，為什麼那個阿嬤會忘記他們？」女兒又抬頭問了我。

「因為她得了失智症，會慢慢忘掉所有記得的事情、所有認識的人，包括她自己，最後只記得呼吸，直到沒有力氣呼吸那一天。」我依照對這個疾病的認知回答。

我們不會忘記你

騎車回家的路上，女兒問我：「把鼻，有一天你會不會也得了失智症，也忘記馬迷，還有我和小栗？」

「也許吧。如果我忘記回家的路，你會出門找我嗎？」

「當然，家裡每個人每天都要回家，你說過的。你也每天都會開車或騎車帶我們回家。」

「如果我忘了你們是誰呢？」我又問。

「放心，我們不會忘記你。」坐後座的她笑著回答我，伸手環抱住我的腰。

我催動油門前進，今晚的風很涼，很舒爽。

在「忘了」來臨之前，我們都該好好享受「記得」。

光陰這條長河無法逆流，只有記憶可以在任何時刻自由來去，翩然悠遊。

趁早多儲蓄一些回憶，至少心和愛要富有……

即使有一天老了，依然可以飛翔。

二十公里，我看見

午夜十二點

午夜十二點左右，我出門夜騎腳踏車，一腳一腳地踩了二十公里路……

我看見騎樓下，女孩和男孩幸福地對望，那是有兩道充滿笑意的側臉弧線。恭喜他們又愛過了一天。

我看見熱炒店門口，中年男人站在路邊講電話，大吼了一聲：「你的事我不想管！」他憤怒著一張臉，看來今晚難免千杯再千杯。

我看見廣東粥老闆叼著一根菸，穿著黑膠雨鞋蹲在暗處水龍頭前，洗刷著做生意的鍋碗瓢盆。攤子的招牌燈熄了，菸頭的火光耀眼著。

二十公里，我看見

我看見已打烊的麥當勞玻璃櫥窗內，晚班員工正在把一包包垃圾往外拖，拖到一半，他停下腳步，向其他正下班離開的同事揮手說再見。

我看見涮涮鍋店裡還有兩、三桌客人，桌上的小鍋子仍持續地冒出熱氣，不斷有人把高麗菜往鍋裡丟，然後夾著肉在鍋裡左右涮著。

我看見便利商店門口坐著一個眼神呆滯的男人，腳前擺著一罐啤酒，指間夾著一根菸，像座雕像般靜止著。飄散的煙縷是我確定他不久前還清醒著的證據。

我看見文化路上，挖過十幾年的路又再次被開腸剖肚。這一次，我還是不知道是為了什麼原因在進行什麼建設，無所謂，我向來沒搞清楚過。反正紅色旋轉警示燈也這樣燦爛了十多年。

我看見捷運新埔站四號出口還有幾個人，站在某個定點，往馬路張望著，是在等家人、朋友來接嗎？還是不知道要往哪裡去？樓上的捷運共構宅好高喔！聽說裡面住了好幾千人，大部分過著蟻居般的小套房生活。

我看見華江橋頭的紅綠燈前，兩輛車前後碰撞，兩個車主正從車上下車，都一臉準備理論吵架的氣勢。希望等一下大家都能平心靜氣，反正有保險會賠，生氣划不來，還很容易中風。

我看見橋上有輛改裝車以絕對超過時速一百三十公里的速度呼嘯而過。他應該覺得自

己很帥，並以為大家也覺得他很帥吧。如果有機會，我想告訴他：其實並沒有喔，祝翻車。

我看見和平西路與廣州街夜市間連通的那條開滿阿公店的巷子，不斷有上了年紀的酒客與上了年紀的小姐晃晃悠悠地走出來，剛結束一夜的杯觥交錯，如果有下一攤，以這年紀來說也算喜事一件。

我看見龍山寺前的捷運站廣場上到處睡著遊民，有男有女，一人占著一個小空間，枕頭邊就是全部的家當，很多人還多擺了一瓶酒，至於裡面裝的到底是啥就不得而知，我相信那是可以讓自己忘卻日子裡辛苦的好東西。

我看見康定路上，依舊有流鶯、老鴇和龜公們三三兩兩地站壁，用試探的眼神與每一個經過的男人交會著，找尋接客的機會。古蹟「剝皮寮」三個字斗大，可是有多少人知道，其實這地名跟紅燈戶和人肉販賣其實無關。它被誤會很久了。

我看見內江街上的無名日本料理和阿財虱目魚湯，在凌晨依舊門庭若市。懂台北夜生活的人，一定懂這兩家店的魅力在哪裡。酒醉後，一碗熱湯醒酒的效能好過十罐蠻牛，更是一種安慰。

我看見紅樓的霓虹還是充滿欲望，好多身材壯碩，打扮同志風格鮮明的人值此深夜時刻，依舊流連忘返，有更多瞳孔看來是在掃描和自己同一頻率的眼神。如果找不到，至少還有一杯酒和霓虹陪伴。夜裡，人可以用一萬種方法向孤獨抵抗。

我看見西門徒步區還有一排深夜才會出來擺攤的另類小夜市，賣著衣服、飾品和小吃。不知道這個時間，警察還會不會來開單？看他們擺攤用的是紙箱、簡易活動的鐵架……嗯，攏是為著生活嘛～

我看見中華路錢櫃門口，有個男人在地上狂吐後趴在水溝蓋邊休息著，身旁的男女朋友個個衣著入時，有人偶爾過去拍拍他的背表示關心，然後就繼續回去和清醒著的朋友們大聲聊天、說笑。我心想：這男人應該常常這樣喝醉吧，大家早已司空見慣了；不然就是他的人緣特別不好。總之，年輕真好，趴吐這種事我已經幹不來了。

我看見一個老人拖著三輪車，沿路撿拾鋁罐寶特瓶，不知道他年輕時是不是也曾跟朋友們，在他們那個年代的歌廳、舞廳門口喝個大醉？曾經不可一世地以為自己可以一輩子風光？我不禁想著：我到著他這年紀時，這樣的深夜裡，我將會在幹麼？

凌晨一點

一點多了，我決定一路殺回家，把最後的力氣全部踩光。

我看見紅燈變綠，我用力踩下腳踏車踏板。

我看見身旁的建築、人、車、燈掠過眼前的速度愈來愈快。

我看見風吹過我的臉我的眼，因為視線被逼得有點模糊。

我看見西園路看見光復橋看見中山路看見我開的寶爺食代看見板橋的星聚點跟錢櫃門口又另外好幾攤酒醉的人在吐在吵架在打架……

我看見我住的社區就在眼前，愈接近就愈來愈大。

我看見社區的門口，看見我的腳踏車被我往路邊一丟，我從路口的轉彎鏡中看見滿身大汗，大口喘著氣的自己。

這世界其實很精采，生活不只眼前的苟且而已。

哇靠！我看見男孩和女孩還在騎樓下幸福對望著。

會不會看太久了點？還是因為腳麻？

很多時候我們說了很多，最後卻什麼都沒說出來。

但一滴眼淚或一抹笑意，就道盡一切。

從痛苦到痛快
寶島邊境開光開運簽書會

● **台北**：4/28（六）晚上7點．誠品信義店3樓Forum
（台北市信義區松高路11號）

● **台中**：5/5（六）下午3點．金石堂台中秀泰店
（台中市東區南京路66號2F）

● **台南**：5/19（六）下午3點．政大書城台南店
（台南市中西區西門路二段120號B1）

● **花蓮**：6/2（六）下午3點．政大書城花蓮店
（花蓮縣花蓮市中山路547-2號）

● **台東**：6/3（日）下午3點．食冊café書店
（台東市洛陽街265號）**★購書入場★**

洽詢電話：(02)27494988
＊台北、台中、台南、花蓮為免費入場。

國家圖書館預行編目資料

從痛苦到痛快／梁嘉銘（寶爺）著. --初版.
--臺北市：寶瓶文化, 2018.4,
面； 公分. --(Vision；158)
ISBN 978-986-406-117-4(平裝)
1.人生哲學 2.通俗作品

191.9 107003988

Vision 158

從痛苦到痛快

作者／梁嘉銘（寶爺）

發行人／張寶琴
社長兼總編輯／朱亞君
副總編輯／張純玲
資深編輯／丁慧瑋
編輯／林婕伃・周美珊
美術主編／林慧雯
校對／丁慧瑋・陳佩伶・劉素芬・梁嘉銘
業務經理／黃秀美　企劃專員／林歆婕
財務主任／歐素琪　業務專員／林裕翔
出版者／寶瓶文化事業股份有限公司
地址／台北市110信義區基隆路一段180號8樓
電話／(02)27494988　傳真／(02)27495072
郵政劃撥／19446403　寶瓶文化事業股份有限公司
印刷廠／世和印製企業有限公司
總經銷／大和書報圖書股份有限公司　電話／(02)89902588
地址／新北市五股工業區五工五路2號　傳真／(02)22997900
E-mail／aquarius@udngroup.com

著作完成日期／二〇一八年一月
初版一刷日期／二〇一八年四月
初版五刷+日期／二〇一八年四月二十三日
ISBN／978-986-406-117-4
定價／三三〇元

AQUARIUS 寶瓶 文化事業

愛書人卡

感謝您熱心的為我們填寫，
對您的意見，我們會認真的加以參考，
希望寶瓶文化推出的每一本書，都能得到您的肯定與永遠的支持。

系列：Vision 158 **書名：從痛苦到痛快**

1.姓名：＿＿＿＿＿＿＿＿ 性別：□男 □女

2.生日：＿＿年＿＿月＿＿日

3.教育程度：□大學以上 □大學 □專科 □高中、高職 □高中職以下

4.職業：＿＿＿＿＿＿

5.聯絡地址：＿＿＿＿＿＿＿＿＿＿＿＿＿＿＿＿＿＿

聯絡電話：＿＿＿＿＿＿＿＿ 手機：＿＿＿＿＿＿＿＿

6.E-mail信箱：＿＿＿＿＿＿＿＿＿＿＿＿＿＿

□同意 □不同意 免費獲得寶瓶文化叢書訊息

7.購買日期：＿＿年＿＿月＿＿日

8.您得知本書的管道：□報紙／雜誌 □電視／電台 □親友介紹 □逛書店 □網路 □傳單／海報 □廣告 □其他

9.您在哪裡買到本書：□書店，店名＿＿＿＿＿＿ □劃撥 □現場活動 □贈書 □網路購書，網站名稱：＿＿＿＿＿＿ □其他＿＿＿＿＿

10.對本書的建議：（請填代號 1.滿意 2.尚可 3.再改進，請提供意見）

內容：＿＿＿＿＿＿＿＿＿＿＿＿

封面：＿＿＿＿＿＿＿＿＿＿＿＿

編排：＿＿＿＿＿＿＿＿＿＿＿＿

其他：＿＿＿＿＿＿＿＿＿＿＿＿

綜合意見：＿＿＿＿＿＿＿＿＿＿＿＿＿＿＿＿＿＿＿＿＿＿＿＿

11.希望我們未來出版哪一類的書籍：＿＿＿＿＿＿＿＿＿＿＿＿＿＿＿＿

讓文字與書寫的聲音大鳴大放

寶瓶文化事業股份有限公司

（請沿此虛線剪下）

廣　告　回　函
北區郵政管理局登記
證北台字15345號
免貼郵票

寶瓶文化事業股份有限公司　收

110台北市信義區基隆路一段180號8樓
8F,180 KEELUNG RD.,SEC.1,
TAIPEI.(110)TAIWAN R.O.C.

（請沿虛線對折後寄回，或傳真至02-27495072。謝謝）